新兴经济体资本账户开放与宏观审慎监管研究

李婧　刘瑶　周琰　著

中国金融出版社

责任编辑：明淑娜
责任校对：孙　蕊
责任印制：张也男

图书在版编目（CIP）数据

新兴经济体资本账户开放与宏观审慎监管研究/李婧，刘瑶，周琰
著 .—北京：中国金融出版社，2019.11
ISBN 978 - 7 - 5220 - 0313 - 9

Ⅰ.①新…　Ⅱ.①李…②刘…③周…　Ⅲ.①资本—金融开放—研
究—中国　Ⅳ.①F832.21

中国版本图书馆 CIP 数据核字（2019）第 237917 号

新兴经济体资本账户开放与宏观审慎监管研究
Xinxing Jingjiti Ziben Zhanghu Kaifang yu Hongguan Shenshen Jianguan Yanjiu

出版
发行　**中国金融出版社**

社址　北京市丰台区益泽路 2 号
市场开发部　（010）63266347，63805472，63439533（传真）
网 上 书 店　http：//www.chinafph.com
　　　　　　　（010）63286832，63365686（传真）
读者服务部　（010）66070833，62568380
邮编　100071
经销　新华书店
印刷　保利达印务有限公司
尺寸　169 毫米 ×239 毫米
印张　12.5
字数　170 千
版次　2019 年 11 月第 1 版
印次　2019 年 11 月第 1 次印刷
定价　48.00 元
ISBN 978 - 7 - 5220 - 0313 - 9
如出现印装错误本社负责调换　联系电话　（010）63263947

序　言

国际社会普遍认为，监管缺失是 2008 年国际金融危机发生的重要原因。宏观审慎框架的提法被写进二十国集团（G20）文件，在国内，宏观审慎框架成为中国经济宏观调控的重要内容，并被写进政府重要经济文件。

2000 年以后，以中国、印度、俄罗斯为首的新兴经济体经济迅速崛起，成为支撑世界经济增长的重要力量。IMF（2004）在《全球金融稳定报告》中立足于金融市场自由化和对外开放度，提出新兴经济体就是金融市场自由化和开放水平低于发达国家，但对外国投资者的资本流入和流出限制较少的发展中国家。新兴经济体广泛地参与了全球化进程，陆续开放金融市场和资本账户，虽然开放的程度不同，但是都受到了来自中心国家宏观经济政策和金融市场波动的冲击，这些冲击陆续地以货币和金融危机的方式表现出来，对新兴市场造成了冲击。进一步开放金融市场和实施审慎金融监管成为新兴经济体成长和避免系统性金融风险爆发的重要内容。中国是最大的新兴市场国家，面临着建立全新的对外开放体制的重任。金融市场发展和金融开放，特别是资本账户开放是迈向成熟市场经济的必然选择。

世界上许多国家的经验已经证明，资本账户开放、金融发展和经济金融不稳定存在非常复杂的关系，三者之间的相互影响也各不相同。以提高金融发展水平为目标的金融改革在一定条件下会促进和维护金融稳定，但也会增加宏观经济和金融体系的不稳定性。资本账户开放有时候能增加一国经济金融的稳定性，但在有些情况下也会恶化一国的经济金融稳定状况。同时金融发展也是影响资本账户开放的重要因素之一。

国内外已经有一些研究成果，论证金融发展与金融开放，资本账户开放和金融稳定，资本开放与汇率制度选择之间的关系，但是对具体国家的资本账户开放进程和宏观审慎监管的细致性研究目前还比较有限。

2008年国际金融危机的爆发，以及2011年欧洲主权债务危机的蔓延令研究者和政府决策者重新审视跨境资本流动对金融稳定的影响。货币政策在应对金融不稳定方面是有局限的，货币政策的核心使命是实现物价稳定，但是物价稳定不意味着金融稳定，物价稳定的同时，可能伴随着资产价格的上涨和房地产价格的上涨。货币政策在应对金融周期波动时能够稳定物价，但是在金融周期之外还存在经济周期。防止系统性金融风险需要宏观审慎政策的配合。决策者认为通货膨胀稳定就会带来经济稳定，但是20世纪80年代以来，在通货膨胀稳定的情况下还是发生了多次金融和经济危机，并导致了经济衰退。美联储货币政策以通货膨胀为锚，实现了价格稳定，但是却难以实现金融稳定，房地产价格和股票价格上涨，美国次贷危机爆发并蔓延至世界各个角落。成熟的市场经济国家的实践见证了货币政策在实现价格稳定、金融稳定和经济稳定方面的困境。任何国家都面临经济"维稳"的严峻挑战。

英国学者马丁·沃尔夫在其《转型与冲击》中提出危机后，我们将进入一个新时代，世界经济正面临大转型，其中最为重要的转型包括：经济全球化的兴起、大多数国家内部不平等的加剧、超大型新兴经济体步入世界经济舞台（特别是中国）、向自由化和创新化发展的全球金融体系、急剧攀升的跨境净资本流动规模。这次转型的动因来自三个方面：一是自由化，世界经济范围内大部分地区过于依赖市场力量；二是技术变革，特别是信息和通信技术革命，它们如涡轮增压一样强力推动着全球经济一体化，在金融领域尤为如此；三是人口老龄化，改变了一些高收入国家储蓄和投资的平衡关系。中国虽然在GDP水平上已经成为全球第二大经济体，但是，中国还不是一个成熟的市场经济国家，经济和社会发展的各个层面都面临改革的任务，实现经济稳定则是中国在改革和发展新阶段的要义。在新时代，中国必然获得更多成长的机会，但也要面临更大的考验，特别是来自全球化的冲击。马丁·沃尔夫在其著作中强调，全球金融危机的一个重要原因是所有参与经济运行的人的"理性疏忽"（rational inattention）。它作为一种激励机制在鼓励人们在追求更好

的可能性时，忽视了最差的可能性。因此，中国应在关键的成长期汲取
所有国家在开放时的经验和教训，减少危机发生的可能性。

中国共产党的十八届三中全会明确提出了"有序提高跨境资本和金
融交易可兑换程度，建立健全宏观审慎管理框架下的外债和资本流动管
理体制"。本书汲取国内外跨境资本流动各个层面的研究成果，以世界经
济环境最新发展变化为背景，对新兴市场国家国内金融发展和对外开放
进行细致考察，归纳总结对外开放宏观层面的最新变化，并将企业、家
庭等微观因素变化纳入分析框架，针对中国在两次金融危机后对外经济
新表现和新挑战、国际收支结构出现的新变化，提出在进一步金融发展
和开放进程中建立宏观审慎监管框架。

本书共分为六章。第一章全球化与资本账户开放，主要阐述 20 世纪
80 年代以来全球化的主要表现，特别是金融自由化对新兴市场国家资本
账户开放的影响。新兴市场经济体的"原罪"特征和金融脆弱性成为在
实行金融自由化改革中容易发生危机的内因。本章参考货币危机理论分
析全球化对新兴经济体的影响。第二章新兴经济体资本账户开放的进程。
本章选择了较大的新兴经济体作为参照，这几个经济体分别是印度、智
利和韩国。印度的资本账户开放和汇率制度改革具有代表性；智利是拉
美较大的新兴经济体，其在跨境资本管理和资本账户开放方面有较长的
历史，而且发生过较严重的金融危机；韩国是亚洲四小龙之一，经历了
亚洲金融危机和 2008 年金融危机的洗礼，在跨境资本流动、汇率制度、
外汇管理等方面做出了大胆的改革。第三章宏观审慎监管的主要内容。
本章主要从目标、时间维度和跨行业维度阐述宏观审慎监管的核心内容。
宏观审慎监管的目的是为了维护金融体系的稳定，防止金融系统对经济
体系的负向冲击而采取的一种自上而下的监管模式。与微观审慎监管不
同，宏观审慎监管以防范金融危机为目的，关注金融系统风险的部分内
生性特征而不只重视外生性风险，是为了维护金融体系的稳定，防止金
融系统对经济体系的负外部溢出而采取的一种自上而下的监管模式。第
四章代表性新兴经济体审慎监管的实践，主要从宏观审慎监管工具的选
择和效果方面阐述代表性国家的实践。本章选择了巴西、智利、韩国和

马来西亚的实践。这些经济体体量大，都经历了经济转型和对外开放。在审慎监管工具的选择上差异较大，效果也不同。本章会重点阐述这些国家管理跨境资本流动的经验和教训，详细阐述托宾税的使用和成效。第五章中国跨境资本流动管理与金融开放，主要阐述自 20 世纪 90 年代以来中国跨境资本流动和管理的特点、监管框架。关注重要节点如 1997 年亚洲金融危机、2001 年中国加入 WTO、2008 年国际金融危机后中国国际收支的变化以及跨境资本管理框架的变化。本章阐述改革开放新阶段进一步金融开放的设计和面临的主要风险，包括人民币国际化、"一带一路"构想下的"互联互通"、全球经济治理等对中国金融开放的影响。第六章中国宏观审慎管理框架设计。这一章是本书重要的价值体现，在总结各国资本账户开放和审慎监管的基础上，分析中国国际收支的结构性变化和宏观审慎监管框架的设计和工具选择，研究在全球化背景下，如何建立货币政策和宏观审慎监管的"双支柱"框架以及如何参与区域和全球的金融网络建设。

目　　录

图表目录

导　论

布雷顿森林体系解体后，随着主要发达国家开始实行浮动汇率制，各个国家对资本流动的管制逐渐放松。德国早在 1958 年就开始了资本账户自由化进程，于 1981 年彻底实现了资本账户开放。自 20 世纪 70 年代起，英国、日本、澳大利亚陆续花费了数十年的时间来解除资本账户管制，随后越来越多的欧洲发达国家加入了资本账户自由化的行列①。国际资本市场巨额融资带来的红利吸引了新兴经济体的关注，20 世纪 80 年代末，尽管宏观经济基础状况参差不齐，但是以泰国、马来西亚和印度为代表的部分亚洲国家还是启动了资本账户开放进程，推出了一系列诸如扩大投资领域、放宽外资上限的措施。20 世纪 90 年代，拉美国家进行了全面的新自由主义改革，金融部门对外开放的主要内容就是资本账户开放。这些新兴经济体希望通过本国资本市场的开放来拉动国内投资需求，提高资源配置效率，促进经济增长。

资本市场的开放犹如一把双刃剑，在促进新兴市场经济增长的同时，大规模的跨境资本流动，一定程度上放大了金融脆弱性，各国实践也证明风险是制约资本账户开放的关键因素（李瑶，2004）。国际经验表明许多国家在资本账户开放的进程中都或多或少地出现了问题甚至爆发了金融危机，例如 1994 年墨西哥金融危机、1997 年由泰国蔓延至亚洲的金融危机。国际资本大规模地跨境频繁流动在相当程度上起到了催化剂的作用。危机发生绝非偶然，一国在资本账户开放过程中的内因或外因抑或二者叠加都可能成为风险源。就外因而言，要注意短期资本流动的冲击，国际市场上利率和汇率的波动以及金融危机的传染风险等；内因方面，如国内宏观经济环境的不稳定、金融体系自身存在的缺陷、资本账户开

---

① 其中荷兰于 1986 年，丹麦于 1988 年，法国于 1989 年，意大利、芬兰、比利时于 1990年分别实现了资本账户自由化。

放时机或次序不当引发的风险等都可能成为导火索。金融危机具有很强的传染性，2007年美国次贷危机再次使国际资本市场发生了一次大地震，广大新兴市场国家相继出现流动性短缺、信贷紧缩和经济衰退。这次危机对我们的警示是，即使是目前最发达的金融体系和金融市场，也存在监管缺位问题，危机也会在这些国家爆发，并通过多种渠道传导到其他国家。因此，构建宏观审慎监管体系，防范金融体系的系统性风险，减少金融脆弱性逐渐引起学术界的高度关注。一向主张成员国加快资本账户开放步伐的国际货币基金组织（IMF）也认为"对相当数量的已经实施适当宏观经济政策的新兴经济体而言，审慎性的资本管制措施也可以用来应对大量资本流入"。所以对于已经实现资本账户开放的国家而言，仍然可以实施一定的资本管制，以维持金融体系的稳定。

中国是20世纪80年代以后崛起的追赶型新兴经济体。十一届三中全会后，解放思想，以经济建设为中心成为中国的主旋律。中国顺应世界经济发展潮流，积极改革和对外开放。外贸和外资的发展是中国融入全球化进程的主要方式。外贸体制和外汇体制服务于外贸外资的需要。因此，中国结束了对资本账户的严格管制，1994年实行了外汇管理体制改革，1996年中国接受《国际货币基金组织协定》第八条，实现了人民币经常账户可兑换，并坚信不久以后会实现人民币资本账户可兑换。中国将成为一个全面贸易开放和资本开放的国家，成为一个成熟的市场经济体。中国学习的榜样是亚洲"雁行"模式下的四小龙。但是1997年亚洲金融危机的爆发让中国认识了资本账户开放的风险。危机的破坏性和传染性使"四小龙"受到巨大的冲击。中国虽然也经历了严重的套汇骗汇和资本外逃，但是比较庆幸的是，中国尚未开放资本账户，资本管制严格并成为隔离危机的防火墙。亚洲金融危机的教训使中国进一步加强了资本管制，并引入市场经济国家的监管思想和监管方式，加强了对金融体系（尤其是银行体系）的监管。但是，2001年中国加入世界贸易组织（WTO），TRIMs（Agreement on Trade – Related Investment Measures）协议的签订①，

---

① 该协议是乌拉圭回合谈判的最终成果之一。

使中国又重启资本账户开放进程，此后陆续推出 QFII（Qualified Foreign Institutional Investors，合格境外机构投资者）和 QDII（Qualified Domestic Institutional Investors，合格境内机构投资者）制度。中国经历了入世后经济的高速增长，成为支撑世界经济增长的重要力量。在国内，中国一直没有间断利率市场化进程和人民币汇率形成机制改革。但是，在 21 世纪的十几年中，中国一直受到跨境资本流动的困扰。2008 年，危机的策源地是美国这样金融发展成熟的市场经济国家，中国尚未实现利率和汇率自由化，金融体系抗击风险的能力较弱。因此，在资本账户开放的进程中如何应对跨境资本带来的不确定性，积极运用宏观审慎政策工具建立风险预警系统依然是中国参与全球化，保持经济金融稳定要学习的重要一课。

中国善于向经济发展和制度完善的领先者学习。在对外开放模式上，中国吸取了拉美国家对外开放的经验和教训。1997 年亚洲金融危机的爆发，让中国对华盛顿共识下的"药方"心存警惕。但是在管理跨境资本方面，中国还是没有现成的可以照搬的模板。尽管诸多新兴市场国家已经实行或者正在实行资本账户自由化，但是，在资本账户开放的实践中如何进行审慎监管依然缺少经验。本书旨在通过研究以印度、智利和韩国为代表的新兴市场国家资本账户开放，借鉴其资本账户自由化的经验，研究新形势下我国资本账户开放模式与政策选择的问题，通过比较印度、智利和韩国所采取的各具特色的宏观审慎政策工具，明确资本账户开放面临的风险并说明进行宏观审慎监管的必要性。

之所以把新兴经济体作为参照，主要源自新兴经济体本身的特点。2000 年以后，以中国、印度、俄罗斯为首的新兴经济体经济崛起迅速，成为支撑世界经济增长的重要力量，但是截至目前对新兴经济体概念的界定还没有形成统一认识。在新兴经济体（Emerging Economy）的概念尚未形成之前，20 世纪 70 年代末，"新兴工业化经济体"（Newly Industrializing Economies）首度出现在经济合作与发展组织的报告中，用以概括几个经济增长迅速的亚洲和拉美国家。多年后，世界银行集团的成员——国际金融公司（International Finance Corporation，IFC）将少数规模中等和收入较高的发展中国家归为"新兴市场"（Emerging Market）的范畴。此后，涵盖范围更广的"新兴经济体"取代"新兴工业化经济体"和"新兴市场"成为这些通过经济自由化实现快速增长的发展中国家的代名词（Hoskisson et al.）。但是由于偏好不同，不同学者和机构给出的概念界定并不相同。Jain（2006）从经济增长速度的角度出发，认为新兴经济体就是在工业化进程中商业或社会活动快速增长的经济体。IMF（2004）在《全球金融稳定报告》中基于金融市场自由化和对外开放度，提出新兴经济体就是金融市场自由化和开放水平低于发达国家，但对外国投资者的资本流入和流出限制较少的发展中国家。近年来的新趋势是选取少数几个国家聚集在一起以作为新兴经济体的代表，例如"金砖五国"（BRICS）①、"新钻十一国"（N－11）②、"基础四国"（BASIC）③ 和"新兴经济体十一国"（E11）④ 等。张宇燕和田丰（2010）在分析了"新兴经济体十一国"在世界经济格局中的地位和危机以后的经济发展后，认可G20 对"新兴经济体十一国"的划分方法，并把新兴经济体定义为："二战后经济增长速度比较快、经济体量和人口数量比较大、当前人均收入水平相对比较低、经济对外开放度高、具有典型代表性的发展中国家。"

综合以上学者的观点，本书将新兴经济体界定为能够积极推动金融自由化和对外开放政策，能够保持相对较快的经济增长速度，人均国民收入在中等收入水平及以上且具有地域代表性的发展中国家。"新兴经济体十一国"是新兴市场经济体的典型代表，除此之外符合本书定义标准的发展中国家皆可列入新兴经济体的范畴。

①　美国高盛公司首席经济师 Jim O'Neill 在 2001 年首次提出"金砖四国"（BRIC）的概念，包括巴西、俄罗斯、印度和中国，南非于 2010 年加入，组成"金砖五国"（BRICS）。

②　2006 年，美国高盛公司提出"新钻十一国"的概念，经济发展潜力上仅次于金砖国家，包括墨西哥、印度尼西亚、尼日利亚、韩国、越南、土耳其、菲律宾、埃及、巴基斯坦、伊朗和孟加拉国。

③　2009 年哥本哈根世界气候大会召开之际，巴西、南非、印度和中国被称为"基础四国"（BASIC）。

④　博鳌亚洲论坛 2010 年年会将 G20 中的 11 个发展中国家明确为新兴经济体，称为新兴经济体十一国（E11），包括：阿根廷、巴西、中国、印度、印度尼西亚、韩国、墨西哥、俄罗斯、沙特阿拉伯、南非和土耳其。

第一章　全球化与资本账户开放

20世纪80年代以来，世界经济最突出的特征是全球化。这不仅表现在贸易额的增加和直接投资的迅速上升，而且还表现在全球金融业务和金融政策的相互渗透和扩张。新兴市场经济体是全球化最重要的参与者，它不仅被卷入全球实体经济的分工中，而且被卷入全球金融资源配置的过程中。从国际贸易方面来看，根据比较优势理论，所有参与的国家都会受益。但是金融开放和贸易开放是不同的，"比较优势"适用于国际分工，但是对于新兴市场经济体，金融全球化对其经济发展带来巨大的风险，特别是资本账户的开放和货币兑换后跨境资本不规则流动带来的风险。经历20世纪90年代的亚洲金融危机和2008年的国际金融危机，新兴市场经济体需要更深入思考金融开放和资本账户自由化的关系。

1.1　金融全球化的主要特征

学术界对金融全球化的认识是不同的。一些观点认为全球化是一个过程；另一些观点认为全球化是一个结果；还有学者认为，全球化是一个趋势。不少学者提出全球化的主要动因是金融自由化、信息技术和金融创新的发展。通过比较和观察，本书认为，金融全球化是经济全球化的重要组成部分，是指世界各国、各地区在金融业务、金融政策等方面相互交往和协调、相互渗透和扩张、相互竞争和制约，并已发展到相当水平，进而使全球金融形成一个联系密切、不可分割的整体。金融全球化使全球金融活动越来越紧密地联系在一起，它与各国金融自由化，与国际货币与金融体系、跨国公司的扩张有密切联系。它使外围国家的金融市场面临新的不确定性，进而影响实体经济。金融全球化主要有以下特征。

1. 发达国家及跨国金融机构在金融全球化进程中处于主导地位，一些国家成为"金融国家"，一些国家成为"贸易国家"

金融发展和金融全球化使我们衡量一国财富水平的尺子发生了重要变化。传统的方式是采用 GDP 和人均国民收入来衡量。世界被划分为发达国家、新兴市场国家、发展中国家和低收入国家。金融全球化的进展逐渐把一些国家划分为"金融"国家，而另一些国家划分为"贸易国家"。发达国家金融资本雄厚、金融体系成熟；宏观调控手段完备、基础服务设施完善；跨国金融机构在发达国家聚集，成为全球金融总部；发达国家是金融创新的引领者，而且金融教育越来越发达；这些特征使发达国家成为全球金融规则的制定者，其他国家成为被动的接纳者。这些规则总体上有利于发达国家金融资本在全球范围内实现利益最大化。在经济学和金融学的逻辑下，金融全球化有利于资源的优化配置，但是也会带来新的"分化"。

2. 信息技术的发展使金融一体化成为可能

电子计算机技术的发展为金融全球化提供了技术支持，使交易更加便利化，也使金融跨国界成为可能。信息技术的发展，促进了金融产品的细化和多元化。互联网技术使电子货币、第三方支付、数字货币、网络银行和线上交易迅速发展。这些发展克服了空间距离对金融交易的障碍。

3. 金融创新提高了资金使用效率，同时也创造了更大的风险

技术发展的便利和市场竞争使发达国家不断进行金融创新。这不仅包含金融产品的创新来满足多样化的投资需求，还包括金融工具的创新，金融理念和金融制度的创新。金融创新提高了资金使用效率，但是也创造了更大的风险，特别是金融创新的"证券化"趋势，短期资本的大规模流动。这种"热资本"流动的规模巨大，流动速度快，成为全球金融中最不稳定的因素，威胁经济稳定和经济安全。

4. 金融监管面临新的难题

金融全球化的发展带来了全球的监管难题，特别是对大规模的短期资本流动的监管。所谓短期资本其实是缺乏信用的国家和企业所使用的

资金（郑德龟，2008）。发展中国家在经济追赶过程中常常处于资金短缺状态，对短期资本有强烈的需求，为了满足这一需求，这些国家取消了对短期资本交易的管制。结果 IMF 也无法对这些国家的短期资本交易进行监控。进而导致大规模的短期资本成为"游资"，在世界资本市场上追波逐浪。信息技术的发展，金融衍生产品的不断推陈出新为短期资本流动提供了便利，这导致金融发展不完全的新兴市场面临风险，而且危机更容易传染。由于监管体制的差异和监管水平的不同，在国际上也会产生监管套利。因此，无论是对多边组织，还是对相关国家，监管短期资本依然面临严峻挑战。

1.2 金融自由化与金融脆弱性

金融自由化是金融全球化的天然伙伴。新兴市场的监管需求的上升与全球金融自由化的发展密切相关。经济增长领先，但是金融市场发展的滞后使新兴市场的金融脆弱性上升。

1.2.1 金融自由化的核心思想

金融自由化作为一种思想和实践与金融发展理论的创新有关。20 世纪 70 年代 Ronald I. McKinnon 和 Edward S. Shaw（1973）提出了金融深化理论，这为金融自由化理论奠定了深厚的基础，从此众多新兴经济体拉开了金融自由化的改革序幕。

两位经济学家的分析指出发展中国家之所以落后，是因为金融抑制提高了金融成本，其资本市场和货币市场的价格被扭曲，存贷款利率被压制，用于投资的储蓄不足，不能真实反映资金需求，而且少数金融机构垄断了企业信贷，市场缺乏竞争活力从而使得经济效率低下。

McKinnon 认为投资和实际利率水平之间是正相关的，发展中国家由于利率管制导致了低利率，实际货币余额积累不足，从而压制了投资。他提倡金融自由化要放松金融抑制，尤其是提高实际利率来鼓励储蓄，以此促进资本积累，为投资提供资金，发挥市场的资源配置作用；还应该鼓励银行竞争，削弱专业金融机构的垄断地位，推动其向全能型银行

7

转变。

1.2.2 新兴市场的原罪

20世纪80年代以来,实行金融自由化的新兴市场成为金融危机的试验场。国际经济学家普遍认为新兴市场的天生"原罪"导致的金融脆弱性是危机的导火索。具体来讲,存在"原罪"的国家不能用本币在国际金融市场上进行国际借贷,也不能用本币在本国金融市场上进行长期借贷。此时本国借贷者如果以外币在国际金融市场借贷,则会造成债务币种不匹配形成货币错配;如果在本国金融市场借入短期贷款为长期投资融资,则会造成债务期限不匹配形成期限错配(Eichengreen and Hausmann,1999)。这两种做法都会形成风险暴露,加剧金融不稳定。

首先,由金融管制向金融自由化的过渡是一个动态过程。倘若国内经济部门基础设施和相关的制度改革没有跟上金融自由化的脚步,则会加大系统性风险和整个金融体系的不稳定性。

其次,金融自由化会带来风险扩散,甚至危机。放松管制可能引起一国的实际利率上升,如果银行同业拆借市场发展不成熟,那么银行及其相关金融机构短期内难以扭转造成的资本流动性冲击,进一步可能导致风险扩散,演变为金融危机。

最后,资本账户自由化是金融自由化的一项重要内容。实行资本账户自由化的国家会逐渐放松资本管制,外资的大量流入会增加本国的货币供给,继而对国内借款者的贷款会增加,这个过程中的外汇风险如果对冲不及时,将会加速转化为信贷风险。

追求高增长的新兴经济体的"原罪"和国际金融体制的不稳定相遇,使短期资本交易的比重剧增,短期资本的"激增"与"激降"都会使新兴市场面临巨大风险,威胁国内经济和金融稳定。

1.3 货币危机与金融危机

新兴经济体资本账户开放的最大风险的表现就是货币危机与金融危机的爆发。一国资本账户开放必然会引起国际资本流动的形式和规模发生变化，其中短期资本流动对货币体系的投机冲击的可能性也会随着开放程度的加深而愈发严重，这使金融危机发生的概率也大大提高。20 世纪 90 年代以来，新兴市场经济体固有的金融脆弱性和欠成熟的制度体系在资本账户开放伴随的大规模资本流动下使其经济稳定性变差，突出表现为多次爆发的货币危机。① 货币危机作为广义金融危机的表现形式之一，往往与银行危机相伴发生，相互强化，呈现出螺旋上升的特征，这被称为"双重危机"。国外学者在双重危机领域的研究相对成熟，已经形成了第一、第二、第三、第四代货币危机理论模型。虽然，最严重的危机似乎已经离我们远去，历史不会重演，但是，重新梳理这些模型，对于我们更好解决当前面临的问题仍然有重要意义。

1.3.1　第一代货币危机理论

第一代货币危机理论源于拉美国家 20 世纪七八十年代发生的货币危机，集中于一国经济基本面与固定汇率制度之间的矛盾，是 Krugman（1979）以 Salant 和 Henderson（1978）的黄金价格冲击行为理论为基础而发展的理性投机冲击理论，② 是完全可预见的非线性模型。他指出在经济基本面出现恶化——存在大量财政赤字时，增发货币使财政赤字货币化不失为一种有效手段，然而持续信贷扩张的后果是货币供给量的增加，这会催生外汇需求，促使外汇的影子价格走高。政府欲维持固定汇率，就必须将外汇储备投放市场进行干预，而一国的外汇储备是有限的，外汇储备穷尽之时也就是固定汇率制度崩溃之时。在外汇储备下降至零之前，投资者的本币贬值预期会促使其抛售本币进行投机活动，加速本国货币危机的爆发。Flood 和 Garber（1984）把 Krugman 的模型修正为线性模型，得出了固定汇率制度崩溃的时间，而货币当局持续扩张的财政和货币政策让这种崩溃的出现只是时间早晚的问题。

---

①　如 1994—1995 年墨西哥货币危机，1997—1998 年东南亚货币危机，1998 年俄罗斯卢布危机，1998—1999 年巴西货币危机，2001—2002 年阿根廷货币危机等。

②　黄金价格行为冲击理论指一国政府为了避免黄金价格受到冲击，在市场上买卖黄金以此来维持黄金价格的稳定。

1.3.2 第二代货币危机理论

1992—1993 年欧洲发生汇率危机前夕，经济基本面并没有表现出明显的恶化现象，也没有过度的信贷扩张，第一代货币危机理论无法解释这种现象。Obstfeld（1994）基于此提出了第二代货币危机理论，强调货币危机的多重均衡和自我实现性。他认为政府是否决定放弃固定汇率制度取决于维持固定汇率制度的成本和收益，如若成本大于收益，那么放弃固定汇率制也是必然之选。该成本与投资者的预期密切相关：如果投资者受本币贬值预期的驱动，那么就会提前购买外汇，从而维护固定汇率的成本大大增加，货币危机因此提前发生；如果投资者无本币贬值预期，认为政府会继续坚持固定汇率制，那么将不会爆发货币危机，市场因此呈现出多重均衡。当预期认为货币当局通过上调利率来维持固定汇率制度时，即使投机者没有进行投机冲击，一国的经济基本面也会恶化，由此导致货币危机自我实现，并且危机发生的时间具有随机性。

1.3.3 第三代货币危机理论

正当中国等新兴市场以亚洲四小龙为榜样，加大改革和对外开放的力度时，1997 年东南亚货币危机爆发。对于危机的破坏性和传染性，第一、第二代货币危机理论不足以提供令人信服的危机产生机理的解释。经济学者从道德风险、流动性风险和企业资产负债表角度解释了危机的原因。

一是道德风险模型。20 世纪 90 年代随着东南亚新兴市场国家金融自由化进程的推进，资本管制逐渐放松，过度借贷现象严重。Krugman（1998）和 Corsetti、Pesenti、Roubini（1999）指出由于政府隐性担保的存在，一些信用等级较低的银行也可以据此投资于高风险项目，银行巨额不良资产成为引发货币危机的导火索。政府为了抵补财政赤字可能会采取铸币税来融资，根据第一代货币危机理论，这种扩张性政策极易引发投资者的投机攻击，资本大规模外流从而引发货币危机。

　　二是货币流动性危机模型①，它基于 Diamond 和 Dybvig（1983）在封闭经济条件下的流动性不足假说，认为银行吸收存款者的短期存款，留存部分现金储备来满足流动性需求，然后将吸收的存款投资于长期项目以实现高收益。但是一旦存款者有贬值预期，在金融恐慌的集体行为驱动下，银行挤兑就会发生，由于银行预留的流动性资金不足以应对大规模的提现要求，因此必须将未到期的长期投资提前变现，资产价格下跌势必引起贷款损失，从而加速货币危机的到来。Chang 和 Velasco（1998）从开放经济的角度讨论了流动性危机，它满足第二代货币危机理论的多重均衡。一些最先撤资的行为会向其他国外投资者释放东道国流动性不足的信号，"羊群效应"下的国外投资者行为会导致资本流出的集体行动，由流动性不足引致的货币危机难以避免。

　　三是克鲁格曼的资产负债表模型。Krugman（1999）认为金融脆弱性除了受债务期限错配的影响以外，企业的高杠杆率、低边际进口倾向、大量外币债务也是重要的三个原因。投资者的贬值预期会通过资本流动相继传递至汇率、资产负债表，进而冲击实体经济，资产负债表中外债的本币价值增加，企业形成呆账、坏账甚至破产，这又会加重投资者的悲观预期，因此形成一个"贬值预期—本币贬值—外债上升—贬值预期"的恶性循环。

1.3.4　第四代货币危机理论

　　Krugman（1999）的第三代资产负债表模型将重点转入实体经济，第四代货币危机理论以此为基础而产生。Krugman（2003）认为前三代货币危机模型都是在危机发生后形成的，不具备前瞻性，他指出第四代货币危机模型应该向更为一般的方向发展，不再限定于只研究货币危机本身，要能够对没有出现过的货币危机进行预测。Krugman 将第四代危机模型分成开放经济和封闭经济两种情形进行研究。在开放经济下，在完美的资本市场中，竞争性的投资者均衡数量是唯一确定的；当资本市场有缺陷

---

　　①　也有学者认为此模型与金融恐慌模型实质相同。

时，投资者的均衡数量则会呈现多重均衡，也就是或者潜在的所有投资者都进行投资，或者都不投资。在封闭经济下，Krugman 利用 IS – LM 模型推导出产品和资本市场的均衡。因为投资对产出是非线性的，所以产品市场均衡曲线呈反 S 形（见图 1.1 中的 PP 线）。而资本市场均衡曲线（AA 线）则取决于货币政策对实体经济变化的响应，充分响应时该曲线向右下方倾斜，均衡点唯一；货币政策如若响应不充分，资本市场均衡线向右上方倾斜，出现多重均衡。多重均衡为自我实现的货币危机提供了另一个解释。

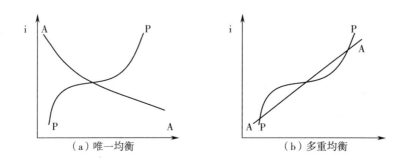

图 1.1 封闭经济下产品和资本市场的均衡

新兴经济体金融市场天生具有"原罪"，其金融市场发展程度低，没有足够的对冲货币风险的操作手段，所以存在货币错配和期限错配的风险，这种风险的最直接后果就是加剧金融脆弱性。Eichengreen 和 Hausmann（1999）指出新兴市场国家发生货币危机的深层原因就是"原罪"。对开放经济而言，宏观审慎监管的最直接目的就是避免货币危机的发生，减少顺周期性，提高对系统重要性金融机构的宏观审慎监管标准。这是因为金融部门的资产负债表高度关联，一旦风险暴露则很容易扩散，危机会很快从虚拟经济向企业和居民等实体经济传染。建立全面的宏观审慎监管框架可以采取预防措施，提前对危机进行预警，弥补事后救助的缺陷。

1.4 资本账户开放风险

1.4.1 资本账户开放的含义

资本账户开放的定义是研究资本账户自由化的基础，但学术界目前尚未形成一个广泛认同的定义。国际货币基金组织专家 Quirk 和 Evans（1995）将资本账户可兑换（Capital Account Liberalization）表述为取消对跨国界资本交易的控制、征税和补贴，这也是 IMF 通常采用的定义，管涛（2002）将其归为广义定义。印度资本账户可兑换委员会（1997）在《关于印度资本账户可兑换的研究报告》中给出这样一个定义："资本账户可兑换是指在市场决定的汇率下，可以自由转换国内与国外金融资产。"

中国学者也对资本账户可兑换的定义提出了许多不同的观点。早期的刘光灿、孙鲁军和管涛（1997）认为资本账户可兑换是取消在接受《国际货币基金组织协定》第八条后仍存在的汇兑限制。李金声（1998）沿用经常账户可兑换的定义方法，即将资本账户可兑换定义为取消对资本流出、流入的汇兑限制。管涛（2002）认为以上这些排除式定义法对于"取消"到何种程度没有给出清晰的界限，属于狭义定义。管涛（2001）在《国际货币基金组织协定》对经常账户可兑换的定义基础上给出了资本账户可兑换的定义——"避免对跨国界的资本交易及与之相关的支付和转移进行限制，避免实行歧视性的货币安排，避免对跨国资本交易征税或进行补贴"，属于广义含义。之后温建东（2001）对管涛的观点提出了异议，认为其未曾区分国界与货币区边境和海关关境，也没有把经常账户外汇收入纳入考虑范围，他认为资本账户可兑换是指"对跨货币区边境的经常性交易收入、资本性交易及其相关的支付、转移、收入以及与上述有关的兑换避免限制，取消歧视性税收和补贴以及单独汇率"。李瑶（2004）在综合以上表述的基础上形成了自己的观点："一种货币在资本项目下可兑换，就是对应的跨境资本交易活动不因货币不同而受限制。"在对各位学者的定义进行综合分析后，李婧（2006）认为资本账户开放就是一国为了实现对外开放和宏观经济稳定，从而减少对居民和非居民之间的资本交易因货币不同而受到限制的过程。OECD（经济合作与发展组织）代表工业化国家在《资本流动自由化通则》中突出了资本流动自由化的广泛性，其理应作为各国实行资本账户可兑换的重要参照（管涛，2002）。因此，资本账户可兑换的广义定义更可取（关于资本账户各种定义见表1.1）。

表1.1 资本账户开放的定义

定义分类	作者	文献	对资本账户开放的定义	文献出处
广义定义	Peter J. Quirk&Owen Evans	Capital Account Convertibility: Review of Experience and Implications for IMF Policies	取消对跨国界资本交易的控制、征税和补贴	IMF Occasional Paper No. 131, Washington DC, 1995
	印度储备银行	印度资本项目可兑换委员会关于印度实现资本项目可兑换的研究报告	是以市场决定的汇率自由地进行国内与国外金融资产的转换	国家外汇管理局,1997
	管涛	资本项目可兑换的定义	避免对跨国界资本交易及与之相关的支付和转移进行限制,避免实行歧视性的货币安排,避免对跨国资本交易征税或进行补贴	经济社会体制比较,2001 (1): 13 – 18
	温建东	资本项目可兑换的内涵与外延	对跨货币区边境的经常性交易收入、资本性交易及其相关的支付、转移、收入以及与上述有关的兑换避免限制,取消歧视性税收和补贴以及单独汇率	国际金融研究,2001 (7): 21 – 25
	李瑶	人民币资本项目可兑换研究	一种货币在资本项目下可兑换,就是对应的跨境资本交易活动不因货币不同而受限制	北京:社会科学文献出版社,2004
	李婧	中国资本账户自由化与汇率制度选择	一国为了实现对外开放和宏观经济稳定,减少对居民和非居民之间的资本交易活动因货币不同而受到限制的过程	北京:中国经济出版社,2006

定义分类	作者	文献	对资本账户开放的定义	文献出处
狭义定义	刘光灿,孙鲁军,管涛	中国外汇体制与人民币自由兑换	取消在接受《国际货币基金组织协定》第八条后仍存在的汇兑限制,也就是取消经常项目可兑换外的限制	北京:中国财政经济出版社,1997
	李金声	对人民币资本项目下自由兑换的思考	取消对资本流出、流入的汇兑限制	广东金融,1997 (8):13–15

综上所述,本书采用管涛(2001)资本账户可兑换的广义定义,该定义考虑了少数的例外性,避免了绝对化,外延较为广泛,它涉及了取消资本账户可兑换的交易和汇兑限制两方面。此外,由于资本账户开放与资本账户可兑换具有统一性(李瑶,2004),因此在表达上,"资本项目可兑换""资本账户开放""资本账户自由化"都是相通的,可以相互替代。

1.4.2 资本账户开放的条件

资本账户开放要满足一定的前提条件,经验表明新兴市场国家频发危机就是在条件尚未成熟时过早开放造成的,但是条件是相对的、动态的,如果过分强调条件,等到满足所有前提条件才放开管制,则可能会贻误资本账户开放的最佳时机(张礼卿,1999;张志超,2003;李瑶,2004;中国人民银行,2013)。很多学者和机构从不同角度对资本账户开放的条件做出了论述。IMF 报告中提出过这样四个条件:宏观经济稳定、汇率制度合理、健全的金融监管体系和充足的外汇储备。张礼卿(1999)还强调了贸易自由化、经常账户开放和国企改革的重要性。此后中国的一些学者也相继提出了"五条件论"和"八条件论"[①],但都是以 IMF 的四个条件为基础做出了一些补充。以上学者的观点存在的共性缺陷就是

---

① "五条件论"除了包括 IMF 的四个条件以外,增加了构建官方保障体系这一项。"八条件论"补充的四个条件是:较强的企业竞争力,一定的经济发展水平,成功的金融体制改革以及合理的可兑换顺序(李瑶,2004)。

都只从定性角度对前提条件进行了概括，没有量化考察。

1.4.3　资本账户开放的模式

关于资本账户的开放速度，总体上可以归纳为两种：渐进模式和激进模式。渐进模式是发达国家进行资本账户自由化的主要模式（Quirk and Evans，1995），渐进模式认为应缓慢放松资本管制，在具备了一定前提条件时，循序渐进地推动资本账户开放（张礼卿，1999）。赞成渐进模式的经济学家主要有 Edwards（1984）以及 McKinnon（1991）等，他们用 20 世纪 70—80 年代拉美国家的经验表明贸易自由化和货币政策改革应该在资本项目自由化之前进行。但是渐进模式也并非无懈可击，资本项目自由化进程不断推后会导致资本管制成本剧增和管制效率低下。

激进模式与渐进模式的观点相反，该模式主张资本项目自由化与其他经济自由化改革应该同时实行，赞成对资本项目进行激进式开放的经济学家主要有 Lal（1987）以及 Qwirk（1990）等，他们指出资本项目开放对深化其他经济自由化改革有促进作用。泰国和阿根廷对于本国的资本账户开放都采取了激进模式，但是结果却截然相反，泰国不堪外部冲击的压力从而导致了 1997 年的金融危机，但是阿根廷却取得了令人满意的效果。廖发达（2001）通过对两国的开放模式进行比较得出结论：首先，激进模式只有在国内经济、金融状况表现极差的情况下才有可能获得成功，此时的快速开放会给投资者传递政府坚决推进改革和想要吸引资本流入的信号；其次，激进模式往往意味着资本项目的全面开放，而经济全球化下增大的金融风险与现有的风险防范制度并不匹配，所以资本账户的全面放开可能会导致无法抵御的风险（见表 1.2）。

表 1.2　　　　　　　　　新兴经济体的资本账户开放模式

资本账户开放模式	新兴市场国家
激进模式	泰国、土耳其、墨西哥、阿根廷、肯尼亚、秘鲁、乌拉圭、智利（1974—1984 年）以及转轨的东欧国家
渐进模式	智利（1985—1996 年）、南非、除泰国等个别国家外的亚洲国家

资料来源：根据张礼卿（1999）、廖发达（2001）、姜波克（2005）文献资料整理。

1.4.4　资本账户开放的次序

亚洲金融危机爆发后，几乎所有的经济学家都对华盛顿共识中阐述的贸易自由化和资本自由化产生质疑，并探索资本账户开放的合理顺序。

一国的经济自由化主要包括贸易自由化、经常账户和资本账户自由化，这三项的自由化顺序为外部次序，对于资本项目下各个子项的开放次序为内部次序。对于外部次序而言，20世纪末期一些外国学者认为资本账户可以在分阶段实行贸易自由化（Lal，1987）或者经常账户自由化的过程中进行（Falvey and Kim，1992）。但是大多数研究者反对此观点，认为在资本账户自由化之前应该先实行贸易自由化和经常账户自由化（John Williamson，1991；McKinnon，1991；Edwards，2002），理由有二：首先，在微观层面，贸易自由化和经常账户的先行开放一定程度上能够消除国内商品价格的扭曲，这样有利于资本项目开放后对大量流入的外国资本进行合理有效的配置；其次，在宏观层面，资本账户开放后短期资本流入迅猛增加，巨额国际收支顺差形成潜在的汇率升值压力，而贸易自由化和经常账户开放能够缓解这种国际收支失衡现象（张礼卿，1999）。此外许多经济学家也强调资本市场的调节速度要快于商品市场，所以在开放次序上要先进行贸易改革和经常账户自由化。

对于内部次序来说，Johnston（1998）的研究表明应该先放开期限较长的跨境资本流动限制，后放开期限较短的资本流动限制，先开放直接投资，再开放非直接投资。张志超（2003）对排序理论进行了梳理，他与Johnston的观点一致并进一步指出在证券投资中债券市场的开放应优先于股票市场，外资流入应优先于资本流出进行开放。但是他更突出了对开放次序和实际情况的协调，因为对于各国的资本账户开放而言并不存在一个普遍适用的次序。

1.4.5　资本账户开放的风险分析

资本账户开放使资本能够在国与国之间自由流动，包括金融市场的自由交易和货币的自由兑换，但是资本账户开放本身蕴含着内在的不稳定性,因此推行资本账户自由化的国家普遍会面临资本大规模流入或流出的风险(IMF,2001b),尤其是在没有实现汇率自由化时这种风险会更严重。不能说新兴市场经济体发生金融危机的原因都是由于资本账户开放,但综观实行资本账户开放的新兴经济体,的确与开放后的国际热钱大规模进出紧密相关,基本传导路径如图1.2所示。

图1.2 新兴经济体资本账户开放后资本的传导途径

资料来源:根据何迎新《新兴市场国家资本账户开放过程中的风险防范及启示》(2014)整理。

在资本流入方面,从对汇率和利率的冲击角度来看,戴任翔(1999)认为在固定汇率制度下,一国资本账户的开放使利率平价得以成立,国内利率波动的可能性增强,这将加大一国监管机构监管的难度;在浮动汇率制下,伴随资本账户开放而来的大量外资流入会使本币面临升值压力,促使贸易条件恶化,进一步加剧经常账户的失衡。从引发大规模短期投机资本流动的角度来看,新兴市场国家资本管制的放开会增加套利资本的套利机会,大量的短期国际资本流入国内,但是这些资本的逐利性和逆转性很强,一旦该国经济出现问题就会导致资本外流,这种资本流动风险会对一国的投资和产出造成破坏性影响(Stiglitz,2002;焦成焕、何枭吟,2009)。

从资本流出来看,通常情况下资本流出有利于资本流入国充分利用流出国的资源、技术优势,增加流入国的经济效益,但是对于资本市场尚不发达的新兴经济体而言,资本账户开放带来的资本流出风险不容小觑。从理论研究来说,Diamond和Dybvig(1983)建立的金融恐慌模型揭示出金融恐慌和"羊群效应"增强了国际资本流入逆转为流出的突发性。Krugman(1998)用道德风险模型解释了东南亚国家的货币危机:由于国内资产泡沫的存在,其金融资产价格经历了一个从繁荣到低谷的过程,泡沫破裂之后形成的巨额不良资产则使之前流入的国际资本大规模撤出,国内金融资产价格急剧下跌,货币危机爆发。

　　新兴经济体在 2008 年金融危机以后净资本流入下降，这主要是受全球经济整体低迷的影响，美国的量化宽松政策也有一定促进作用。不过随着 2013 年后美联储量化宽松政策的退出、美国进入升息周期，新兴市场经济体的跨境资本流出又增强，资本流动的大进大出不利于新兴经济体经济的可持续发展。但是资本流入减少对于拥有高储备、以外币计价的债务较少的新兴市场经济体来说能够降低金融脆弱性。

第二章 新兴经济体资本账户 开放的进程

2.1 印度资本账户开放

自 1991 年印度发生外部危机后，印度经济改革开始从 20 世纪 80 年代的内向型转向外向型，资本项目自由化由此得到了政府的格外关注。作为外部经济部门重组的一部分，资本项目的自由化的目的是减少对债务型资本流入（debt creating flows）的依赖，尤其是短期资本的依赖，而鼓励外商投资，尤其是外商直接投资。这些举措一定程度上减少了 1997 年亚洲金融危机的影响。使印度隔离危机传染的其他因素还包括，如灵活的汇率政策、重组的外汇储备、相对有限的国际贸易和金融联系等。与其他一些国家不同，印度并不认为实行额外的资本管制是缓解危机的必要措施，在 1997 年亚洲金融危机中，印度安然无恙。本节将阐述印度 1991 年来资本管制的变化，尤其是印度在汇兑制度、国际贸易限制、货币政策执行、银行系统审慎监管等领域的变化等层面的改革顺序。最后总结印度资本账户自由化的经验和教训。

2.1.1 资本账户管制的变化

1991 年前，印度对大多数的私人资本交易都采取限制措施，对外商直接投资、证券投资、对外商业贷款、非居民存款、短期信贷以及对外投资都实行严格的限制。

印度的资本账户自由化和重新定位始于 1991 年，这是应对 20 世纪 90 年代早期国际收支危机的政策组合的一部分。与之相伴的是外汇市场改革，这场改革使印度在 1994 年 8 月成为 IMF 的第八条款国，并成为贸易自由化、货币政策、证券市场、银行体系"一篮子"经济改革的一部分。

资本账户改革的核心是外商投资和证券投资的自由化。在 1991 年发布的新的框架下，投资于 35 个优先产业的外资股份不超过 51% 的外商直接投资，可得到印度储备银行的自动批准；其他外商直接投资协议虽然仍然要提交外资促进委员会（Foreign Investment Promotion Board），但是批准的标准被大幅度放宽，批准的程序也有所简化。为吸引外商直接投资，还取消了股利平衡要求（dividend balancing requirement），即公司必须用外汇收入（一般是出口收入）来抵消由于支出股息而带来的外汇流出（除了消费部门的一些产业），提高了非居民印度人（Nonresident Indians，NRIs）和海外商业机构的投资待遇。近几年，又进一步放松外商直接投资限制，并频繁对管理措施进行微调。1996 年扩大了对非居民印度人在印度投资的范围，同年能源部对一些外资股权达到 100% 的能源相关投资项目实施了自动审批程序。1997 年，开放外商直接投资的产业目录，有 9 个产业的外资股份最高可达 74%，与此同时，外商直接投资的批准程序也更加透明。随着对外商直接投资管制的放松，印度外商直接投资流入逐年增加，外商直接投资净流入占国内生产总值的比重从 1991 年的 1‰上升至 1998 年的 7‰。

同时，印度的资本市场也对证券投资，主要是股权投资开放。20 世纪 90 年代以前，印度是禁止外资进入国内证券市场的。1992 年 9 月，合格境外机构投资者（QFII）开始被允许进入印度的股票和债券市场，外国经纪公司也得到了在印度运营的批准。印度对证券投资流入的总量没有限制，但是对外国机构投资者、海外公司机构、非居民印度人在一个公司的持有量总和以及单个外国机构投资者的持有量都规定了上限（不得超过投资总额的 30%），但不可投资于政府发行的证券。1996 年 6 月起，取消了对全球存托凭证每年限额的要求，取消了对其最终用途的要求。1997 年 3 月起，允许外国机构投资者投资印度政府定期偿付证券。1998 年 4 月起，允许其投资短期国库券。1998 年 5 月，进一步放宽了对以全球存托凭证形式发行股票的最终用途要求。1998 年中起，外国机构投资者从事印度股票的交易不再需要印度储备银行的事后认可。20 世纪 90 年代，印度证券投资流入已经超过了外商直接投资。证券投资的净流入占国内生产总值的比重由 1991 年的不到 1‰上升到 1998 年的 12‰左右。2000 年，为了防范外资操控印度产业，不同行业的单个企业对合格境外机构投资者的投资额上限要求不同；2001 年，扩大外资在自动通道（Automatic Route）下非银行金融机构的业务范围；2006 年，境外一般投资者获准进入印度股票市场。印度央行不鼓励境外合格机构投资者投资于债券，尤其是主权债券（见表2.1）。

表 2.1　　　　　　　　　　印度外国证券投资的开放

时间	开放外国证券投资的举措
1992 年 9 月	QFII 开始被允许进入印度的股票和债券市场
1993 年 2 月	外国证券经纪公司获得在印度营业的权限
1997 年	外资参股印度证券经营机构的比例提高至 30%
2000 年	针对不同行业的单个企业，对合格境外机构投资者的投资总额设置不同的上限
2001 年	扩大外资在自动通道下非银行金融机构的业务范围
2006 年	境外一般投资者获准进入印度股票市场

资料来源：作者根据相关资料整理。

　　1991 年起，印度也逐渐放开了债务性资本流入、衍生品交易。1991年以来印度调整了对国际商业借款的管理，根据国家的融资要求适当提高了此类借款总量的最高限额。1997 年 3 月，进一步扩大了国际商业借款合格企业目录，提高了单个借款者国际商业借款的数量限额，放松了利率管制，大幅减少了最终用途限制。1998 年 6 月起，平均期限为 10 年或以上的国际商业借款不再受总量限额的约束。另外，还进一步放松了对授权外汇经纪商的国际信贷业务管制。1996 年及 1997 年，允许授权外汇经纪商从事利率互换、货币互换、期权、远期等衍生交易。1997 年提高了授权外汇经纪商在海外市场借贷金额的最高限额。在逐步放松资本流入限制的同时，印度还开始适度放松对资本流出的限制，以应付资本内流的冲击，缓解汇率和外汇储备方面的压力，以提高国家宏观经济政策的有效性。

　　总之，印度的资本账户交易在 20 世纪 90 年代逐步地、谨慎地走向自由化。首先放松资本流入限制，强调鼓励外国直接投资和有价证券投资，不鼓励短期流入、债务型资本流入（Debt‐Creating Inflows）。近几年，局部放开债务型资本流入和衍生品交易。对资本的外流也采取了温和的放松措施。

在资本流出方面，印度对资本流出的态度也经历了从限制到引导鼓励的转变，对于资本流出的开放顺序，印度坚持先公司和企业，后金融行业，最后是居民个人的原则。在海外投资过程中，印度优先选择那些能获取先进技术、具有价格优势、能与本国公司形成优势互补的企业。1996 年，印度允许本国公司以合资或独资的形式进入国际资本市场，投资额上限以上一年度的财政净收入为限。2003 年，印度中央银行宣布上市公司和居民可以有限地对国外证券市场进行投资。2004—2007 年，非金融企业每年获批的海外投资额上限成倍增长，分别是其总资产的100%、200%、400%。尤其在自然资源和能源领域的海外投资方面，印度更是鼓励净资产在 400% 以下的投资。

对于个人投资者而言，2000 年以来，境内自然人可以购买境外股票，但对投资额度有限制，2007 年，这一投资额上限从 2.5 万美元提高至 20万美元。居民还可以在境外银行开户并购置不动产。对于机构投资者，印度中央银行在审批通道（与自动通道相对应）下允许本国的共同基金投资境外股票。

2.1.2　进一步自由化措施：前提条件

1997 年 2 月，印度成立了资本账户可兑换委员会（Tarapore Commitee），专门从事资本账户可兑换的准备工作。委员会提出了资本账户自由化的一系列前提条件。稳健的财政（fiscal consolidation）、较低的通货膨胀率和强健的金融体系是核心条件，具体内容如下。

（1）巩固公共财政，使其能够可持续。中央政府的财政赤字小于或者等于 GDP 的 3.5%，减少政府财政赤字和准财政赤字。

（2）把年通货膨胀率降低到 3% ~ 5%。

（3）强化金融体系。

• 在 1999—2000 年将净不良资产比率（net non-performing asset ratio）降低到 5%；

• 同期内将法定准备金率降低到 3%；

● 平等对待银行和非银行的经营业务；

● 协调对国内负债和对海外和非居民负债的法定储备要求（对非居民负债和银行海外借款可能实行较高的法定准备要求）；

● 改进金融机构的风险管理（市价重估、管理货币和期限的错配、内部控制体系、会计与披露、轧平市场风险的资本充足率、对相关技术的培训）；

● 改善审慎监管（有效外部监管，比巴塞尔最低标准更严格的资本充足率标准，更严格的收入识别和资产分类标准）；

● 提高国有银行部门和金融机构在与外资银行和私人部门竞争方面的自主性；

● 强化贷款回收（loan recovery）和违约担保的法律框架。

（4）建立真实汇率的观察幅度。印度建立了观察幅度（monitoring band），汇率波动的区间是中心汇率上下 5%。

（5）宏观经济政策要与国际收支项目状况配合。印度的宏观经济政策能够持续地与通过正常资本流入弥补的经常账户赤字相一致（约占 GDP 的 2%）。与此一致，贸易和外部融资政策要使偿债率下降（从 25% 下降到 20%）。

（6）保持充足的外汇储备。为保证经济稳定和清偿能力，印度央行要保证外汇储备至少相当于 6 个月的进口额和占通货比率不低于 40% 的法定准备金。

资本账户可兑换委员会还确立了进一步放松资本账户的时间表，强调资本账户自由化的速度要反映前提条件的满足程度。关于资本账户自由化的顺序，委员会建议已经局部自由化的项目还应该进一步自由化，包括仍然处于严格管制状态下的资本流出的自由化。委员会认为资本流出可以缓解由于资本流入带来的真实汇率升值的压力。鉴于此，委员会建议在银行海外借贷方面给予更大的空间，以便银行在国内和国际金融市场进行对冲操作。由于大量的短期借款会造成不稳定，贷款必须要在审慎限制的范围内。

政府采取了委员会提出的一系列措施，即使并没有完全地施行。在亚洲金融危机期间，印度一定程度上放慢了资本账户自由化的步伐。

2.1.3 资本账户自由化的政策支持及其顺序

印度货币当局在资本账户自由化方面实行渐进的、谨慎的自由化模式，在资本外流和短期资本流动方面，货币当局仍然实行较严格的管制。当局主要担心的是这部分资本流动对金融部门的影响。金融部门在20世纪60年代还处于政府的严格管制之下，直到90年代，政府仍然不支持证券和衍生品部门的发展，这些部门是短期资本流动情形下对冲风险的关键。

但是，20世纪90年代后期以来，作为经济总体开放的一部分，政府建立了允许金融部门在更开放的经济环境下进行安全有效的经营的政策框架。证券市场的发展尤为迅速，银行系统的发展比较缓慢，改革的顺序首先是改善银行经营的环境，比如建立政府债务市场，改善审慎监管，提高运行效率。尽管改革有了很大的推进，但是金融部门的发展和规制仍然对资本账户自由化实行限制，取消管制必须要考虑审慎监管。

外国直接投资和证券投资的自由化得到了国际贸易和经常账户自由化、取消产业许可的支持。如果没有这些改革，就会产生资本流入、寻租行为和其他非生产性活动的进入的风险。

1. 贸易和经常账户改革

1991年开始的贸易和经常账户外汇交易的自由化与外商直接投资和证券投资的自由化是平行进行的。1991年前，外贸体制是相当严格的。政府部门负责所有的进口；最高关税率超过300%；平均关税率（进口加权）在1990—1991财年达87%，这在全球是最高的。在短期内，取消了进口中间品和资本品的许可限制，消费品的进口也局部自由化了。到1993—1994财年，平均关税率已经下降到33%，在1997—1998财年进一步下降到20%左右。

经常账户下的外汇交易自由化也取得了迅速发展。1992年汇率体制由原来的固定官方汇率走向双重汇率体制，最后发展为1993年的有管理的浮动汇率制度，汇率由银行间外汇市场的供求决定。1994年印度接纳IMF第八条义务。一直到1998年底，仍然对经常账户的外汇交易保持一定的限制，包括对亚洲清算同盟国家的规定、对黄金进出口的限制、对卢比现钞和硬币出入境的限制、对出口收益的汇回要求（虽然这些限制已经逐渐减弱，出口收益可以保留在外汇账户里）、对旅游和教育所需的外汇限制（已经稳步放松）。保留的这些限制有助于强化资本账户交易的限制，否则很容易出现规避资本账户管制的现象。

2. 金融部门改革

货币管理、证券市场的发展和银行系统的规制与重组在印度是密切联系在一起的。1991 年以前，货币和金融政策的主要目标是：（1）在遇到冲击时稳定经济，同时保持价格适当稳定；（2）为经济的优先部门提供低成本融资；（3）保持经济的较高增长率；（4）为政府赤字提供低成本融资。由于财政纪律的破坏（特别是在 20 世纪 70 年代和 80 年代），货币和金融政策的执行结果是不断上升的货币增长率和较高的通货膨胀率。

虽然印度储备银行有广泛的货币政策工具，包括准备金率、流动性比率、利率和信贷控制、公开市场业务等。不论是直接的还是间接的工具，都是通过行政管制来执行的。这表明了银行系统完全是由行政控制的，几乎不存在私人意义上的金融市场。1991 年银行存款的 60% 以上都是根据存款准备金和法定流动比率要求持有的，以满足政府投资政府债券的需求。余下的 40% 通过管制利率配置给优先部门。对利率实行严格的管制，对银行、保险、公司和共同基金的控制也是如此。

1991 年以来银行体系的变化是非常巨大的，开始稳步走向一个更加开放的市场化体系。当局开始逐渐放松管制并强化制度建设。

银行系统的改革强调利率结构的完全市场化，逐步降低存款准备金要求和法定的流动性比率要求，放松私人银行进入的条件。20 世纪 90 年代早期，银行的审慎规制和监管获得了显著加强。储备银行承担对银行的监管责任，1994 年建立了监管委员会作为监察部（Department of Supervision）的补充。监察部现已经被分解为银行和非银行单位，执行银行监管和加强报告要求。金融监管委员会负责监管执行并保证与规制和方针一致，也对国内银行部门进行评估。

银行体系的审慎标准逐渐得到加强，基本上遵循 Narasimham 委员会的意见。审慎监管的加强与 Narasimham 委员会和巴塞尔协会的意见是一致的。

3. 资本账户自由化顺序和改革支持

印度改革的顺序基本如下：首先是贸易、经常账户和经常账户支付的自由化（1991）。接下来是金融改革和有价证券投资的自由化（1992）。1993 年、1994 年与贸易政策、经常账户外汇交易和金融部门的进一步改革平行进行的是有价证券投资和外商直接投资的进一步自由化。1991—1992 年开始逐步降低通货准备金和法定流动性比率，限制政府对央行融资的依赖，逐渐采用间接的货币政策工具。1995 年，暂时限制对有价证券流入的限制后，继续逐步推进金融部门和资本账户的自由化，包括1997 年和 1998 年放松对外商业借款和银行对外信贷的限制。

正如前所述，印度资本账户自由化模式强调首先放松长期的和以所有权为基础的资本流入，对短期资本交易和资本流出只有在金融部门取得实质性进展时才逐步放松。这一模式的选择反映出印度吸取 1991 年危机的教训。

另外，除了 1991—1992 年采取的大胆措施外，印度没有采取资本账户自由化和金融改革的“大爆炸式”模式，而是倾向于同时、谨慎、稳步推进的模式。资本账户自由化的谨慎步伐很大程度上考虑了适当的前提条件，包括有利的宏观经济政策和稳定的财政赤字。然而，主要由政府控制的银行系统改革被证明是相当艰难的。

2.2　智利资本账户开放

20 世纪 70 年代随着国内经济市场化改革的推行，智利为实现本国的经常账户和资本账户开放采取了一系列措施，1977 年智利实现了经常账户可兑换，相比之下，智利的资本账户开放过程比较曲折，大致可以分为两个阶段：1974—1984 年为激进开放阶段，1982 年的金融危机打乱了资本账户开放的步骤，并进行了为期 3 年的整顿；1985—1996 年为相对谨慎渐进的资本账户开放阶段。

2.2.1　激进模式——1974—1984 年智利资本账户开放的尝试

1973 年智利新上台的军政府积极推行经济市场化改革，改变了智利长达 40 多年的资本管制偏紧状况。1974 年，在世界市场黄铜价格低迷、石油价格剧增的大背景下，智利政府的借款能力减弱，财政状况不容乐观。1975 年 4 月，智利财政赤字高企，经济过热，为缓解金融脆弱性，智利的财政货币"双紧"政策产生了双重作用，一方面财政赤字率从 1974 年的 10.5% 下降至 1975 年的 2.6%，另一方面也带来了显著的负面效果，1975 年智利经济严重负增长，GDP 增长率跌至 - 13%，通货膨胀率也一度飙升至 343%，经济状况堪忧，出现了资本账户开放以来的第一次金融危机。

1974—1976 年，智利开放个人资本账户。到 1976 年，《外汇管制法》修改后的第 14 条款和 600 号法规（the Decree 600）均使智利对居民和非银行企业的资本账户逐渐放开限制，然而这期间对金融机构仍然保持着严格管制。但是银行贷款是 20 世纪 70 年代国际资本流动的主要形式，因此尽管放开了个人和非银行金融企业的资本管制，其有限的融资能力并没有导致外资流入显著增加，1974—1976 年智利的资本账户余额平均只达到 3 亿美元。

1977 年以来，智利经济有所恢复，资本账户自由化的进程加快了脚步（具体开放举措见表 2.2）。截至 1979 年，直接私人借款、外汇窗口购买外汇是外资流入的主要渠道，直至 1980 年银行外资头寸限制完全取消以后，银行举借外债成倍增长，资本流入量也数倍增加（见图 2.1a），所以取消银行对外资的限制是资本账户开放过程中至关重要的一步。

表 2.2　　　　智利资本账户开放的内容（1974—1984 年）

年份	智利资本账户开放条款	具体内容
1974—1976	1. 采取一系列措施开放个人资本账户交易（对金融机构资本账户仍保持限制）	开放个人资本账户
	2. 修改《外汇管制法》第 14 条款	规定央行对外资进行登记，且有权管理外资和投资利润的汇回（在智利存放时间范围为 6 个月至 2 年），但是外资不能通过银行自由流动

年份	智利资本账户开放条款	具体内容
1974	颁布关于外商直接投资的 600 号法规	外资到位 3 年后外国投资者方可在官方外汇市场购买外汇把利润汇回国内
1977—1981	外资银行获准在智利开设分支行，可以扩展市场业务	
1977—1980	1. 1977 年 9 月：再次修改《外汇管制法》第 14 条款，银行可以引进外资，但是没有放开其引进外资的期限和银行外资头寸； 2. 1979—1980 年：先放松后完全取消银行外资头寸限制	
1979	智利中央银行开设外汇"窗口"，为资本流出创造条件	该"窗口"出售外汇不能超过 1 万美元
1977—1981	为了减轻短期外债负担，对本国外资存款实行准备金制度	准备金率：2 ~ 3 年为 25%；2 年以下为 100%

资料来源：根据张礼卿和戴任翔（1999）《智利的资本账户开放：一个从失败走向相对成功的案例》《智利金融开放之路：从激进到渐进》整理。

大规模的外资流入使得智利比索实际汇率升值，贸易条件恶化，制约了本国出口，经常账户的巨额逆差使智利不得不在 1982 年实行爬行盯住汇率制，放弃盯住固定汇率。此外 1979 年 OPEC 对石油大幅度提价，智利政府对金融机构的隐性担保所产生的道德风险，最终导致了智利在 1982 年爆发资本账户开放以来的第二次金融危机，智利的经济增长率在 1982 年一路下行至 - 14.5%，资本净流入也直线下降，这使得智利在这一阶段的资本账户开放进入休整期。

2.2.2 渐进模式——1985—1996 年智利资本账户开放

1985 年智利经济逐渐走出衰退期，政府吸取了 1974—1984 年激进开放资本账户的教训，采取了渐进式的开放，这次的谨慎、稳妥推进使得智利成功抵御了 1995 年墨西哥金融危机和 1997 年亚洲金融危机的冲击。而且在资本账户开放以前，智利首先进行了国内金融体系和贸易自由化改革，并于 1987 年通过公开市场业务操作对市场利率进行调节，实行汇率市场化，使汇率弹性增大，为日后的资本账户可兑换提供了有利的条件。

　　智利在这一阶段采取的一系列鼓励外资的举措使得资本流入稳步增长（见表 2.3 和图 2.1），1990 年智利的资本账户盈余占当年 GDP 的 9.9%，为了抑制外资流入引起比索升值，智利对资本流出的开放也持谨慎态度。由于智利对资本流入和资本流出的双向把守，1991 年后智利资本账户没有出现大幅波动。

表 2.3　　　　　　　智利资本账户的谨慎开放（1985—1996 年）

资本流动	类别	措施
资本流入	外商直接投资 （1985 年、1987 年）	1985 年，外商直接投资可以以债权换股权的方式流入，但是要满足两个条件：一是 10 年以内不能撤资；二是利润只能在 4 年后汇回 1987 年，海外中小投资者可以通过获批成立的外国投资基金进行直接投资
	证券投资	居民和非居民可以用非官方外汇市场的外汇购买国内的某些特殊债券
	美国存托凭证ADRs（1990 年）	为了吸引外资，首次发行 ADRs
	企业境外融资	降低本国企业到国外发行证券的信用等级要求
	税收	降低外商直接投资企业的税负
资本流出	外商直接投资 （1991 年）	居民可以购买官方外汇市场以外的外汇在境外投资；外商直接投资在境内最短要停留 3 年
	机构投资者 （1992 年）	养老基金的投资范围扩大，可以以一定比例投资于海外
	1993—1996 年	允许海外投资者汇出利润的年限缩短； 提高人寿保险公司、银行、共同基金在国外投资的资产比率
	对外投资	1995 年，对外投资的最低持有期限由 3 年下降到 1 年

　　资料来源：根据张礼卿和戴任翔（1999）《智利的资本账户开放：一个从失败走向相对成功的案例》《智利金融开放之路：从激进到渐进》整理。

　　由图 2.1 可以看出，智利资本账户开放期间的资本净流入整体要大于净流出，这得益于其采取的一系列对外资流入放开的措施。

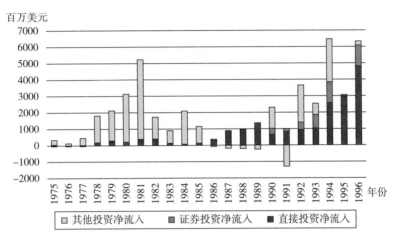

（a）资本净流入

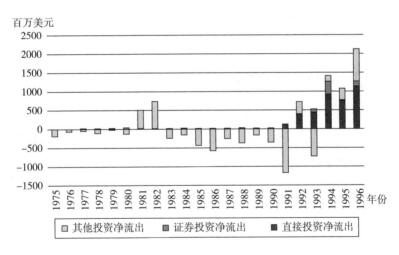

（b）资本净流出

图 2.1 智利的跨境资本流动（1975—1996 年）

数据来源：IMF 数据库智利国际收支平衡表。

在 1975—1982 年，由于对非银行金融机构和个人开放了资本账户，智利的外商直接投资流入有所增加，特别是在 1980 年取消对银行外资头寸的限制以后，其他投资净流入显著增加。这一阶段的资本流出量比较小，但是 1982 年的金融危机使得资本净流入急剧下降，资本净流出大幅增加。在 1985 年开始的资本账户开放第二阶段，智利政府的一些审慎措施使得证券投资流入规模在这一阶段显著增加，对资本流出的放开使直接投资净流出相比激进开放资本账户时期也有明显增长。总的来看，智利的资本账户自由化在第二阶段取得了成功，公司、个人、银行的融资能力提升，为智利的经济发展提供了资金和技术条件。

2.3 韩国资本账户开放

20 世纪六七十年代是韩国战后重建和迅速发展时期，主要是处于吸引资本流入阶段。政府以发展经济为目标，相继实行了四个五年计划，大力推行出口导向型经济发展战略，发展"进口替代型"民族工业和重化工业。为了扩大出口规模，吸引外国投资，韩国制定了《外国资本促进法》，在 1962 年外资占韩国总投资高达 83%。20 世纪 80 年代，韩国进行金融自由化改革和利率市场化改革，分阶段地推动资本市场国际化。

2.3.1 阶段性的资本账户开放

韩国的资本账户开放总体来讲可以分为三个阶段。

第一阶段：在全斗焕政府时期（1980—1988 年）开始金融自由化改革，主要是利率市场化改革。

由于受到西方石油危机的影响，以及国内经济增长过快，韩国出现了国内通货膨胀、经常账户大量逆差、外债负担沉重和政企勾结等一系列问题。韩国政府采取一系列稳定经济发展和金融稳定的改革措施。1981 年韩国政府推出了《资本市场国际化计划》，按计划分四个阶段实施：间接参与阶段、有限度的直接参与阶段、进一步开放阶段和完全开放阶段。为进一步开放市场，1984 年韩国颁布《吸引外资法》。资本市场逐步开放和金融自由化改革使韩国的经常账户改善，经济增长率提高，外商直接投资迅速增加，1986 年外商直接投资额为 12.7 亿美元，超过前 20 年的累计外商直接投资额。1988 年韩国接受《国际货币基金组织协定》第八条，实现韩元经常账户下可兑换。1991 年韩国通过修改《外汇管理法》，优先放松对资本流入的限制，但是韩国20世纪80年代的资本账户开放并不彻底且较为被动。

第二阶段：金泳三政府时期（1993—1998年），韩国进一步加快资本账户国际化，基本实现了全面放开的自由化。

但是韩国财阀利用非银行金融机构为自己服务，盲目投资造成大量债务期限错配，道德风险不断累积，加之大量的短期套利资本从经济低迷的日本和欧洲涌向韩国，使韩国卷入亚洲金融危机。

为实现资本账户自由可兑换，吸引外资是韩国开放资本账户的第一步。在20世纪七八十年代韩国就颁布法令吸引外资，90年代进一步扩大开放范围，吸引外国资本流入，特别是长期资本。90年代直到金融危机前，韩国的直接投资净额逐年上升，1996年直接投资净额达到顶峰为21.7亿美元。[1] 同时韩国放松了资本管制，推动了资本流出的自由化进程，具体可参见表2.4。1994年韩国企业可以在国外资本市场发行证券，放开了离岸借款的限制。韩国为加入经济合作与发展组织（OECD）而进一步推动资本账户自由化，[2] 并设计了三阶段的资本账户开放路线图，1995年开始放宽对资本流出的限制，国内的机构投资者可以投资外国证券，资本账户基本实现自由化。1996年韩国加入经济合作与发展组织和国际清算银行（BIS），这加速了韩国的资本账户开放。在经济高速发展的背景下，金融机构改革滞后与利率自由化不匹配，导致企业和金融机构出现资金借短贷长的不匹配现象（即期限错配），短期负债规模急剧扩大，并产生了与之联系的美元银行资金借短贷长的不匹配现象（这进一步会导致货币错配），金融危机爆发前期，韩国企业过度扩张，过度加杠杆和国际竞争力逐渐下降，存在大量的债务融资，这些使韩国在1997—1998年的金融危机中遭受国内外的冲击，成为金融危机重大创伤者。

---

① 数据来源：OECD官网数据库，网址 https：//stats.oecd.org。
② 承诺国际资本自由流动是韩国加入OECD的条件。

表 2.4　　　　　20 世纪 90 年代韩国资本市场对外开放历程

阶段	主要内容
第一阶段 （1993 年）	取消在外国人持有 50% 以上资本的公司中对外国人股票投资额的限制； 允许外国投资信托咨询公司持有国内投资信托公司的股份
第二阶段 （1994—1995 年）	放宽对外国证券公司开设分支的要求； 放宽对外国人直接股票投资的限额； 允许国际组织在国内市场发行以韩元标价的债券； 允许外国信用评估公司在国内建立多边处； 放宽外国投资信托咨询公司所持有资本的限制
第三阶段 （1996—1997 年）	允许外国银行建立下属机构； 减少对外国证券公司分支的资本要求； 继续放宽对外国人直接股票投资的限额

资料来源：赵淳. 韩国的经济发展［M］. 北京：中国发展出版社，1997：160。

第三阶段：1997—1998 年东南亚金融危机爆发到 2008 年全球金融危机期间，韩国实现更高程度的资本账户开放。

1997 年韩国金融危机的爆发使其外汇储备消耗殆尽，韩元急剧贬值，金大中政府（1998—2003 年）为了接受 IMF 的援助条件被迫实行开放程度更高的资本账户自由化政策，包括放宽外资的投资上限，[①] 国外投资者在韩国股票市场购买上市公司股票不再受限，取消国内企业的借款限制等。1997 年 12 月，韩国外汇储备仅有 39.4 亿美元，韩国政府无条件接受美国 IMF 提供的 570 亿美元的贷款援助，同时也接受了 IMF 提出的一系列较严苛的改革方案：对外国投资者完全开放金融市场，取消外资股权上限，允许外资股权参与和对银行部门进行投资，进一步提高外汇市场、债券市场、保险领域的开放程度。为了国内金融体制改革和企业部门改革，韩国政府还实施了一系列措施实现资本账户开放，1997 年韩国政府正式宣布将实施外汇交易自由化；韩国地方政府于 1998 年 9 月 16 日制定和修改了新的《外国人投资促进法》，简化了外资审批流程，减免外国投资企业税收，扩大投资出资范围，保护外国人投资权益；1997 年 12

---

① 1997 年分两步提高：从 26% 增至 50%，在年底前再增至 55%。1998 年实现完全取消。

月和 1998 年 5 月，包含银行在内的外资持股上限比例分别提高了 50% 和 100%，外国资本加速进入韩国的银行业，至 2005 年末，全国性银行的外国股权比率平均超过 50%，外资流入加快了韩国企业的转型；韩国资本市场和金融市场向外国股权全面放开，外资进入韩国金融市场并收购韩国企业，外商直接投资（FDI）的流入为韩国的经济复苏增添了新动力，1999 年外商直接投资额占当年 GDP 的 2.1%，达到历史最高水平。韩国资本账户实现了全面对外开放，包括银行系统对外开放，韩国几乎完全暴露在全球经济的大环境中，这为 2008 年全球金融危机冲击韩国经济埋下了隐患。

2008 年金融危机的教训使韩国进一步加强资本账户开放管理，完善了金融改革和金融监管制度。2008 年美国次贷危机引发的全球金融危机扩散到韩国，韩元大幅贬值，股票市场大跌，2008 年 10 月较年初下降了近 31%，资本外流严重，外商直接投资流出额增加到近 112 亿美元，国际收支金融账户出现近 20 年来的逆差，在资本市场上，韩国国内银行在 2008 年 9 月至 12 月，外汇流动性比例超高 100%，远超过政府规定的标准。

2008 年韩国金融危机的直接原因是企业海外资产损失过大以及国内外市场不景气导致企业无法偿还银行贷款，根本原因在于韩国的外汇储备和海外资产结构不合理，美元储备的比重过大。而这次金融危机为规范韩国资本账户开放管理，加强金融改革提供了契机。金融危机发生后，韩国实施有效的干预政策，调控外汇市场，间接干预资本流动。韩国央行在 2008 年末至 2009 年初积极与美国、日本和中国签订货币互换协议（swap lines）①，保证充足的外汇来源，扩大外汇市场干预能力。同时央行使用综合竞标掉期、综合竞标贷款、以出口单据为抵押的外币贷款计划等多种金融工具增加外汇市场的流动性，防范外汇流动危机导致韩元进

---

① 国家之间的货币互换是指，在发生国家破产危机等紧急情况时，两国互相交换本国货币的措施。目前与美国签署货币互换协议的有欧洲央行（ECB）、日本、英国、瑞土、挪威、瑞典、丹麦、加拿大、澳大利亚和新西兰 10 个国家和地区。这些都是在国际金融市场上拥有强劲的货币且国家风险较低的国家。

一步贬值。同时放松了企业的外币贷款限制，调高了中小企业外汇贷款限额，降低了外汇贷款利率和延长了贷款期限。政府对资本市场的有效干预以及金融监管改革使韩国经济从金融危机中迅速走出来，2009—2018 年资本与金融账户顺差逐年增加，其中外商直接投资和证券投资增长速度较快，2018 年外商直接投资净额达到历史最高水平 244 亿美元。

2.3.2 外部冲击下的资本账户开放

韩国的资本账户开放被认为是建立开放经济体制的最后阶段。韩国从封闭的经济体制到开放的经济体制经历了贸易自由化、投资自由化和资本自由化三个阶段。韩国的开放进程与国际经济秩序变化，新兴市场积极参与全球经济和对国际规则的尊重有重要关系。开放后遭受危机的痛苦使韩国痛定思痛走上了更加开放的道路。

韩国的对外全面开放和其积极融入全球经济的态度与对危机的反思直接相关。20 世纪 60 年代到 80 年代，韩国作为发展中国家，主要是在关贸总协定下通过进出口公告来控制进口从而消除国际收支不平衡。但是在 80 年代以后开始走上自由化道路，平均关税率持续下降。但是对外资仍然采取了限制政策。对外资的态度，韩国经历了有选择地引进外资、对外资的中立，以及全面引进外资的阶段。在 90 年代，韩国把全球化当作国家战略的核心内容。1996 年加入 OECD，同年成为世界贸易组织的成员国，韩国实现了对非居民投资的根本性体制转换。1997 年亚洲金融危机爆发后，韩国认识到了短期资本的危害，全面进入投资自由化和积极引进外资的阶段。危机加快了韩国资本账户自由化的进程，韩国选择了浮动汇率制，建立了监控系统和早期预警体制。尽管如此，韩国并没有能够避免 2008 年国际金融危机的冲击，韩国外汇市场遭遇严重冲击，韩元受到威胁，韩国再次获得 IMF 的资助，并与美国、日本和中国签订货币互换协议，获得多方支持应对危机。但是，韩国并没有因为危机走回头路，而是面对无法抗拒的全球化的现实，采取新措施避免资本账户开放的风险。

第三章 宏观审慎监管的主要内容

3.1 宏观审慎监管的定义

宏观审慎（Macroprudential）概念的提出由来已久。20 世纪 70 年代末，Cooke Committee 和英格兰银行就提出"宏观审慎"区别于微观审慎，同时国际清算银行（BIS）也意识到系统性风险是宏观审慎监管的核心，然而"宏观审慎"一词一直到 1986 年才正式出现在 BIS 的文件中。随后几年，"宏观审慎"鲜有见于各政府和机构文件，因此其概念也一直没有得到清晰的界定。直至 2000 年，时任 BIS 的行长 Andrew Crockett 首次对宏观审慎的概念进行了定义：宏观审慎监管对象是整个金融体系，目标是限制金融危机的成本，它不同于只将防范个体金融机构风险作为目标的微观审慎监管。2001 年 BIS 正式界定宏观审慎监管为：它是微观审慎监管的有益补充，不仅考虑个体金融机构的风险敞口，而且对金融体系系统性风险进行防御以实现金融稳定。随后 Borio（2003）根据 Crockett 的定义做出解释：宏观审慎监管更关注宏观经济层面，通过抵御系统性风险来避免金融危机的爆发，以减少金融失衡对实体经济的负面影响。本书认可并采用 IMF 和 BIS 在 2011 年 G20 发布的《宏观审慎政策工具和框架》给出的定义："宏观审慎政策是指以防范系统性金融风险为目标，借助宏观审慎政策工具并以完善的监督管理架构为支撑的相关政策。"

宏观审慎监管可以根据系统性风险的维度分布进行划分（Borio，2003）：

第一，时间维度，即金融体系内的系统性风险随时间而累积；

第二，横截面维度，也可以叫跨行业维度，或空间维度，是指风险在某一特定时点上在金融机构之间的分布特征和相互影响，尤其是要格外注意由资产负债表的关联性所引起的共同风险和相似风险暴露及其相关的行为反应。

在时间维度上主要是处理顺周期性，研究系统性风险在金融体系内部如何渗透，如何通过金融体系和实体经济之间的相互作用而放大。资本充足率和贷款损失拨备计提的顺周期性会放大短期经济波动，[①] 公允价值会计准则引起的顺周期性则会放大资产价格波动（谢平、邹传伟，2010）。因此，宏观审慎监管要重视风险的时变敏感性（陈雨露，2012），克服资本监管框架中的顺周期因素（周小川，2009）。

从跨行业维度来看，实施宏观审慎监管必须高度关注各金融机构的共同风险暴露、风险集中度以及相互关联的风险敞口，也要注意单个金融机构投资组合与金融产品风险间的高度关联性，避免"拥挤交易"引发的风险。系统重要性金融机构一旦倒闭清盘，其高度的跨境关联性会使得风险传递速度非常之快，也会面临成本分摊的复杂问题。

就新兴市场国家的实际宏观审慎监管情况来看，Mishkin et al.（2001）认为对于资本账户开放的新兴经济体而言，发达国家的宏观经济政策会影响它们的跨境资本流动，货币政策对调控资本流动的作用又很有限，因此需要宏观审慎管理来消除金融风险，避免"大而不能倒"金融机构风险的蔓延。据 Qureshi et al.（2011）统计，2005—2007 年新兴经济体普遍加强宏观审慎监管，其中亚洲经济体监管强度显著提升，因此较好地抵御了 2008 年金融危机的冲击。

可见，宏观审慎监管是为了维护金融体系的稳定，防止金融系统对经济体系的负外部溢出而采取的一种自上而下的监管模式。

3.2　宏观审慎与微观审慎的差异

与微观审慎监管不同，宏观审慎监管以防范金融危机为目的，关注金融系统风险的部分内生性特征而不仅仅只重视外生性风险。同时，宏观审慎监管关注"给定时点上风险跨机构之间的分布及整个系统中风险的跨时间分布"，即横向与时间两个维度。其中，横向维度关注因金融机

---

① 资本充足率主要包括巴塞尔协议Ⅲ的逆周期资本缓冲和针对系统重要性金融机构的附加资本要求。

构之间的相关性与同质性而产生的共同风险敞口问题，而共同风险敞口被认为是危机时期大量金融机构相继破产的重要原因；时间维度方面则关注如何抑制金融体系内在的顺周期特征。

宏观审慎监管的具体目标可以分解为两个方面：一是限制金融风险的累积，降低金融危机的可能性或强度；二是增强金融体系对经济下滑和其他负面冲击的恢复能力。限制风险累积可以理解为对系统风险的事前预防，增强恢复能力是对系统风险爆发后的事后补救。

宏观审慎监管的职能定位是对微观审慎监管的补充。这意味着在审慎监管的框架内仍然以微观审慎监管为主，宏观审慎监管处于协助性地位。在具体的监测方法和监管工具上，宏观审慎监管可以成为微观审慎监管的延伸和扩展。

宏观审慎监管包括三个方面：一是识别系统风险，即发现、监测和计量系统风险及其潜在影响；二是降低系统风险的发生概率，即通过提高监管标准和采取针对性监管措施等，预防系统风险爆发；三是缓解对金融体系和实体经济的溢出效应，即在系统风险爆发后，限制破坏的程度和范围，尽可能降低经济损失。

宏观审慎监管框架分为宏观审慎监测框架和宏观审慎监管工具两个部分。前者通过指标体系识别和监测系统风险，后者侧重于研发干预系统风险的政策工具。作为二者的基础，还应确立宏观审慎监管的制度安排，建立监管主体之间的分工合作机制。

3.3 宏观审慎监管的政策工具

宏观审慎监管政策工具是实现宏观审慎监管目标的手段。系统性风险来自跨时间和跨空间两个维度，相应的宏观审慎政策工具也分别针对时间轴和空间轴来设计。巴曙松（2010）、王力伟（2010）、陈雨露（2012）从 Borio（2003）提出的时间和空间两个维度出发进行了宏观审慎政策工具的讨论。在时间维度上，经济和金融体系中宏观和微观层面有更多的正反馈，而负反馈则不多，因此，系统总是表现为顺周期性。"逆风向调节"的政策工具主要用来应对经济体系中的顺周期性，逆周期资本缓冲的政策工具最具有代表性。王力伟（2010）认为逆周期资本监管可以在巴塞尔协议第一支柱下削弱新协议下资本要求的过度亲周期性（procyclicality），在经济上行期提高资本要求，抑制银行信贷的过快增长；反之在经济下行期降低资本要求，使银行信贷对经济周期波动的放大倍数减小，发挥"以丰补歉"的作用，提高银行业的核心资本充足率从而降低杠杆率。此外，BIS（2009）建议向可能引发系统性风险的金融机构或者行业收取资本附加费，王刚、李虹（2010）认为可以把资本附加费分为行业集中度附加费和机构重要性附加费两部分。其他审慎工具诸如动态贷款损失拨备制度、流动性需求的调节、限制贷款价值比例（LTV）也可以降低资本流动顺周期性。

在空间维度上，相关联的机构和市场间由于风险传染会导致系统性破坏。因此，针对空间维度上的传染性问题，主要通过识别和提高系统重要性金融机构的流动性和资本要求、适当限制机构规模和业务范围、降低杠杆率和风险敞口等，防范风险在不同机构和市场之间的传染。限制这类风险累积的工具又包含结构性工具、限制流动性风险的工具和限制相互关联性的工具三类，包括流动性覆盖率（liquidity coverage ratio，LCR）、净稳定融资比率（Net Stable Funding Ratio，NSFR），以及对系统重要性银行收取的资本附加等。时变工具必须要迅速调整才能发挥作用，而结构性措施可以通过完整且审慎的过程实施，包括正式的行政法律公告和征求意见的程序。

在空间维度上，二十国集团（2009）指出要提高系统重要性金融机构的损失吸收能力。美国《金融监管改革法案》（2009）提出"一级金融控股公司"（Tier 1 Financial Holding Companies）具有系统重要性，它的倒闭会威胁金融系统稳定，是系统性风险的重要来源，理应受到较其他金融机构更为严格和保守的监管。此外，根据风险贡献度对可能引发系统性风险的"大而不倒"金融机构建立宏观审慎的资本分配机制。

还有其他划分宏观审慎监管工具的方法。张健华、贾彦东（2012）从三个角度划分宏观审慎工具，除了时间和空间维度以外，还从确定性规则和相机抉择、数量限制和价格限制的角度进行说明（见表3.1）。克劳德·洛佩兹（2015）提出按照三个轴线将宏观审慎工具划分为：住房相关措施、传染预防性措施以及准备金要求。方意（2016）则把宏观审慎政策工具分为三类：信贷类——贷款价值比（LTV）、贷款收入比（DTI）等；资本类——时变资本充足率要求、杠杆率要求以及贷款损失拨备等；流动类——准备金制度、流动性覆盖率（LCR）等。但是实践中，由于每个工具优缺点并存，因此各国对宏观审慎政策工具箱内的工具进行组合实施是显著特点。

表 3.1   宏观审慎政策工具划分

划分标准	角度	具体工具
时间维度和 横截面维度	时间维度	逆周期资本要求；前瞻性保证金计划；动态准备金要求（典型代表国家：西班牙）；前瞻性贷款拨备；贷款价值比（LTV）等
	横截面维度	绝大多数都涉及对银行的监管，如系统重要性资本附加、系统重要性税、风险集中度限制等
确定性规则 和相机抉择	确定性规则 （内在稳定器）	即能够按照固定规则来制定的工具，如贷款损失准备金、资金要求与资本附加费之比、贷款价值比等
	相机抉择	对金融风险提出警告；监督审查压力；对各种宏观审慎政策工具进行数量调整等
数量限制与 价格限制	数量限制	宏观审慎工具的数量固定，边际成本不确定。如净稳定融资比率
	价格限制	譬如庇古税、托宾税、工具的边际成本确定，但数量不确定

资料来源：根据张健华和贾彦东. 宏观审慎政策的理论与实践发展［J］. 金融研究，2012（1）：20 – 35 整理及作者的归纳。

以税收为基础的宏观审慎政策工具也就是价格型工具，可以被用来限制流动性转换和货币外部性内部化。从宏观审慎的角度看，可以根据周期性对税收进行灵活性和适应性调整（Landau，2009）。大规模资本的进出会影响国内金融稳定，所以资本账户开放的过程中允许对一些资本账户实行管制和审慎性监管，除了采取汇兑限制、数量管制措施以外，还包括对资本账户的汇兑环节、收益的汇出汇入以及资本的流出流入这三个环节进行直接征税的价格型手段（见表3.2）。过去有学者认为数量型的直接管制带来的负面效用要高于价格型手段，但最近也有学者提出在一些特定情况下，对资本账户开放程度低、中央银行能力较弱的国家来说，采取数量型手段会是更好的选择，不过从实践来看二者结合使用的有效性要大于单一手段的效果。

表3.2 征税的具体措施

征税环节	税种	特点	缺点	代表国家	共同缺点
资本账户的兑换环节	托宾税	因为市场参与者可以在本外币兑换之后轻易地将货币转移到国外，所以只有在国际合作时托宾税才会发挥效力	一国单独征收托宾税基本无效	智利：无息准备金制度（URR）	①不利于管理居民的资本流出；②频繁变动税率对于税收部门来说不太可能实现，而且需要降低税率时执行的难度比较大
收益的汇出汇入	采取所得税形式	能够保持国内外利差，抑制资本流动	如果采取统一的所得税率将很难改变资本流动的结构；而如果采取差别税率又会产生歧视性，从而加大管理难度	马来西亚：资本所得税	
资本的流出流入	采取预扣税形式的跨境资本交易税	能够有效抑制、避免不稳定的短期资本流动，有利于改变资本流动的期限结构		巴西：金融交易税	

资料来源：根据李瑶.人民币资本项目可兑换研究［M］.北京：社会科学文献出版社，2004整理。

还有一种分类方法，是将工具分为纠正国内金融体系失衡的工具和减少国际因素冲击的工具。前者可以细分为资本工具、流动性需求和资产端工具（见表3.3）。而一些新兴经济体尝试通过后者降低资本流动对全球因素的敏感度。例如印度当局对非居民进入国内长期证券市场加以限制。

表3.3　　　　　　　　　　　宏观审慎政策工具和潜在指标

政策工具	潜在指标
资本工具	
逆周期资本缓冲[1]	广义信贷周期测量
动态拨备[1]	银行具体的信贷增速和具体的拨备（当前和历史平均水平）
部门层面的资本要求	以部门为基础的不同广义信贷价格和数量的测量（存量和新增贷款）： 银行间贷款、金融中介机构、非金融企业和家庭的数量以及部门集中度测量； 部门内和跨部门的借贷分配； 房地产价格（商业和住宅、旧的和新开发的房地产）； 价格租金比率
流动性要求	
逆周期流动性要求	流动性覆盖率和净稳定融资比率； 流动性资产与总资产或短期负债的比率； 贷款和其他长期资产与长期借款的比率； 存贷比； 同业拆借利率与隔夜指数掉期利率之间的利差； 信贷利差
市场保证金及抵质押率	保证金及抵质押率； 买卖价差； 流动性溢价； 影子银行的杠杆和估值； 市场深度测算
资产端工具	
贷款价值比率和债务收入比	房地产价格（商业和住宅、旧的和新开发的房地产）； 价格租金比率； 按揭贷款增长； 承销标准； 与家庭风险有关的指标； 再融资兑现指标

注：[1] 为了引导逆周期资本缓冲和动态拨备的应用，很多指标都是很有用的。但是，本表仅给出官方正式提出和使用的指标。逆周期资本缓冲指标的介绍见巴塞尔委员会 2010 年第二季度的报告，动态拨备的介绍见 Saurina（2009）的文章。

资料来源：《全球金融系统委员会 2012 年第 48 号报告》。

在宏观审慎的监管实践中，新兴市场国家较普遍地尝试使用托宾税的办法调节跨境资本流动。鉴于其在新兴经济体的丰富实验，本书将在下一节专门讨论托宾税的作用机制和效果。

3.4 跨境资本流动管理的主要工具：托宾税

3.4.1 托宾税的含义

托宾税的设想源于凯恩斯（1936）针对股票市场征收金融交易税来抑制短期的投机行为，托宾（1974）正式提出托宾税的概念，通过征收货币交易税在国际金融市场上"飞速运转的车轮中"撒一些沙子，以降低市场流动性换取外汇交易的稳定。狭义的托宾税指对外汇交易征税，广义上讲一切能增加金融交易成本减少投机行为的做法都可以称为托宾税①。

托宾税自提出以来，引发了巨大的争议。反对者认为托宾税的征收与金融市场自由化的理念背道而驰，不利于市场的优化配置，会使资本账户自由化的进程倒退；且托宾税的税收收入涉及国际间的政策协调，难以进行收入分配。支持者则认为金融安全关乎一国经济的稳定增长，在目前世界金融市场上每天高达 5 万亿美元的交易中，与商品和服务相关的交易量还不到 2%，除此之外大多是投机者靠汇率差和利率差进行的投机交易，这些牟利的行为造成市场失灵，削弱金融市场对国家政策的影响力；在此背景下，征收托宾税能够有效地减少金融市场上短期投机行为，有助于维持汇率的稳定与一国货币政策的独立性。

3.4.2 托宾税相关理论

1. 两级托宾税理论

两级托宾税由 Sphan 于 1991 年提出，由于单纯的对外汇交易征收统一的税率会造成投机、投资难以区分，并且金融交易的流动性在长期内难以保障，因此对外汇市场的高频交易实行高税率，对低频外汇市场交

---

① 本书探索的托宾税即为广义托宾税。

易实行低税率或免税显然更符合实际，该理论假设汇率的波幅能充分反映外汇交易的频繁程度。

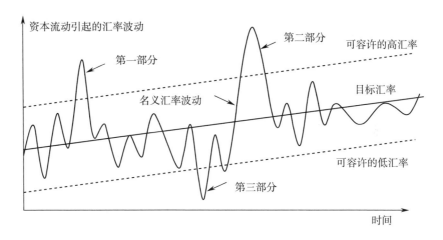

图 3.1　两级托宾税模型

两级托宾税是建立在汇率市场化的条件下，通过汇率是否在合理的区间变动来判断市场是否受到投机资本的冲击，以便通过市场汇率信号监测境外资本流入是否过度。然而对于汇率受管制的国家而言，这一模型显然是存在缺陷的，不能构建可信的汇率目标区。由此，冯菊平（2002）提出了改进后的托宾税模型。

改进后的两级托宾税模型（见图 3.2）将资本流动量当作监测指标，该指标具有便于观测的特点。当资本在正常区间适度流入时，税率为零；当资本流入超出正常区间时，对资本流入征税。对于跨境资本流出采取同样的原理，改进后的两级托宾税显然对汇率非市场化国家更有意义。

2. 不可能三角假说

托宾税的一个重要作用即是解决开放经济条件下的"不可能三角"。其含义是在开放经济条件下，一国货币政策的独立性、汇率的稳定性、资本的完全流动性三个目标不能同时实现，最多只能满足两个目标。三元悖论的提出是建立在"米德冲突"之上的，即开放经济条件下内部均衡和外部均衡的目标发生冲突，在保证货币政策在内的支出增减政策有效的前提下，固定汇率制度与资本自由流动不能共存。

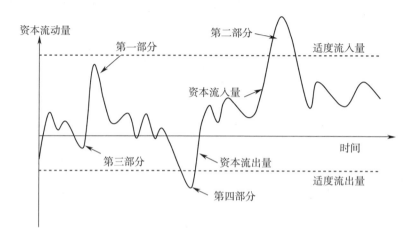

图 3.2　改进后的两级托宾税模型

图 3.3　不可能三角假说

3.4.3　托宾税的分类

实践中,一切能够增加短期跨境资金进出成本、起到控制投机资本流入流出的措施都可归类为托宾税,托宾税的分类如表 3.4 所示。

表 3.4　　　　　　　　　　　托宾税的分类

托宾税种类	简介
外汇交易税（托宾税）	传统意义上的托宾税,即对外汇交易环节征收一定比例的税金
所得税	对一国非居民所持外币资产征收固定比例的税金
预扣税	不确定税率、在取得资金的初始环节预扣一定比例的税金

托宾税种类	简介
金融工具税（FTT）	对所有金融工具资产征收一定比例的最低税金
无息准备金（URR）	对跨境资本按照投资额的一定比例向中央银行缴付外币或无息存款

资料来源：www.imf.org，作者整理。

3.4.4　托宾税的经济效应

3.4.4.1　托宾税的宏观经济效应

托宾税的本质是一种资本管制，是数量型资本管制向价格型资本管制的重要迈进。脱离固定汇率制的国家在外汇市场上面临大量投机行为的干扰，汇率出现非理性波动。因此，主张在外汇现货市场上征收全球统一的税额，税率一般较低，对长期投资性资本不会造成显著影响，但是对短期投机资本能产生较好的抑制作用。具体而言，实施托宾税的效应在宏观层面上体现为以下方面。

1. 影响跨境资本净流入及期限结构

在金融市场上，资本的逐利性使得投资对利率、汇率有较大的弹性。在现代金融体系中，金融衍生交易的繁荣及金融产品的丰富使金融交易的杠杆率被无限放大。无论在国际市场还是国内市场，利润率始终是资本流动的决定性因素。托宾税的征收会使跨境资本流向逆转，从利润率低的国家转向利润率高的国家，从征税的国家转向不征税的国家。在市场机制的调节下，一国短时间面临大量资本流入会使利率短期发生"超调"，利率下降又会促进国际资本流动的再平衡。

托宾税作为金融交易税，具有自主调节功能，可间接抑制一国大规模资本短时间的异常流入、流出，同时使短期投机资本改变流向、改变期限结构，使跨境资本流量趋向于合理规模。

2. 稳定汇率

托宾税的稳定汇率作用是其最本质、最核心的效应。托宾税的征收能够有效遏制汇率的过度波动对本国外贸及债务债权造成的汇率风险，减少金融市场的过度膨胀及热钱的频繁跨境流入流出。根据国际货币基金组织（IMF）的数据显示，托宾税有效增加了短期套利资金成本。

表3.5 托宾税对套利利率的影响

投资期限	托宾税率=0.5% 套利所需国外利率（%）	托宾税率=1% 套利所需国外利率（%）
一天	551.3	4016.7
三天	90.7	250.9
一周	35.6	77.2
一个月	11	18.5
一年	5	6.1

数据来源：作者根据IMF（1995）研究整理。

如表3.5所示，托宾税小幅税率在金融加速器作用下对套利行为产生较大的抑制作用。税率越高，投机所需成本越大；期限越短，投机资金成本越高。而对于一年及以上的投资来说，征收托宾税的影响不大。一般而言，托宾税对短期跨境资本流动的管理效果显著。

3. 增加货币政策独立性

根据开放经济条件下的不可能三角理论，汇率的稳定性、资本账户自由化与一国货币政策的独立性三者不可兼得，最多只能取其二。对于新兴市场化国家而言，其常常面临汇率浮动恐惧（fear of floating），出于"走出去"的需要，这些国家经常力推资本账户自由化进程。但是，由于一国经济保持良好状态需处理好外部均衡和内部均衡的关系，新兴市场化国家往往以外向型经济、出口导向型经济为主，长期的负债美元化与债务问题造成了货币错配与债务期限结构错配，外部经济多数面临经常账户的顺差与资本账户的逆差。外部经济的失衡使这些国家的政府决策者不得不牺牲货币政策独立性，调节内部经济的失衡。

由于跨境资本的短期投机行为造成了汇率市场的非理性波动，为维持汇率的稳定与资本账户自由化，一国就要牺牲独立的货币政策。征收托宾税则阻挡了短期投资的频繁进入，吸引长期投资的资本，便于资金流向一国的实体经济部门；同时，以牺牲一小部分流动性为代价换取独立的货币政策。

4. 增加一国或地区的财政收入

托宾税与其他税收不同的是，其征税主体是跨境投资者而非本国的居民，这在一定程度上相当于来自国外的转移支付。虽然税收收入可大可小，取决于一国跨境资本流动的总量，但是对于财政赤字严重的国家和地区，此种税收无疑是雪中送炭。

截至目前，历史上或现阶段准备开征托宾税的国家和地区，如智利、巴西及欧盟都无一例外曾面临严重的政府财政赤字。征收托宾税或采取类托宾税措施取得的收入能够为政府带来一笔可观的财富。

5. 提升资本管制效率

资本管制实质是对跨境资本市场失灵的一种纠正。即便是实现资本账户自由化的国家，如美国，其国际收支平衡表中的资本账户也不是全部开放的，这也体现了"看得见的手"对"看不见的手"的及时纠正、止损。

托宾税作为价格型资本管制手段的一种，优于传统的数量型资本管制工具。这类似于对污染外部性的纠正，对排污企业按污染量征税比单纯地开罚单效果更好，对短期跨境资本征收托宾税也优于传统的"一刀切"管制，节省了大量的行政成本和无谓损失。

3.4.4.2　托宾税的微观效应

（1）促进金融部门为实体经济更好地融资。金融行业属于第三产业，第三产业的发展能为第一、第二产业提供更好的资金支持。当一国面临短期投机资本的大幅冲击时，就会造成金融市场的过度膨胀与"泡沫化"。大量的资金进入一国的股市和楼市，会造成相应的市场震荡、价格的非理性波动，其指引效应会导致大量的资金逃离实体经济涌向金融市场，直至泡沫破裂，尤其是跨国投机资本的频繁进出会抽掉实体经济的新鲜血液。

托宾税抑制短期投机资本规模，引导长期外来投资进入本国实体经济部门，创造出更多的产业附加值，有利于金融更好地发挥为实体经济融资的本质属性，促进长期经济增长。

（2）控制涉外企业经营风险。在经济全球化与金融全球化的背景下，新兴市场国家的出口往往成为拉动经济的重要引擎。涉外企业和部门最关注的往往是汇率政策，短期内的汇率风险成为影响出口企业利润的最大因素。对于实现汇率市场化、自由浮动的国家，其短时间面临投机资本的跨境流入流出，会使外汇市场发生震荡，给涉外部门和出口企业带来经营风险。

征收托宾税为企业规避汇率风险提供了重要的防火墙，减少其经营中面临的不可抗力因素，促进一国对外贸易健康发展。

3.4.5　托宾税与跨境资本流动管理

3.4.5.1　跨境资本流动管理有效性界定

学界对跨境资本流动管理有效性缺乏一般化的定义，共识是：跨境资本流动管理的有效性应根据对资本流动和政策目标的影响来衡量。

Johnston 和 Ryan（1994）对 52 个发展中国家和工业化国家实行跨境资本流动管理的有效性进行了测量，发现取消对跨境资本流出的管制显著影响跨境资本总流量及结构，特别是直接投资和长期证券投资对跨境资本流动管理的变化极其敏感。

衡量跨境资本流动管理有效性的另一种方法，是将国内银行存款利率和同一银行离岸分支机构的同类存款利率进行比较，利差的大小反映了跨境资本流动管理的有效性。Dooley 和 Isard（1980）最早利用利差评价跨境资本流动管理的有效性，分析了德国在 1970—1974 年实施资本管制及资本管制产生的风险效应，研究结果表明在德国政府完全禁止私人资本流入期间，银行在岸与离岸利率出现 4% 的利差。境内外利差也被认为是货币政策独立性的判断指标，Haque 和 Monteil（1990）利用利差作为变量，发现全面实行资本管制的国家，货币政策独立性被严重削弱。

Ariyoshi 等（2000）研究 14 个样本国家跨境资本流动管理有效性问题，发现大多数国家管理的主要目标是减少对汇率的压力，稳定汇率并使国内国外利率维持适当的利差。

依据上述文献，结合全球多数国家跨境资本流动管理的政策目标，下文将从以下几个方面界定跨境资本流动管理的有效性：（1）遵照各国跨境资本流动管理的直接目标，分析跨境资本流量变化及结构期限；（2）分析跨境资本流动管理对境内外利差及货币政策独立性的影响，以此评价其有效性；（3）根据跨境资本流动管理的原因及主要目标，分析其对减少汇率不当预期，稳定汇率的影响，从而评价其有效性。

3.4.5.2 托宾税与跨境资本流动管理的关系

2008 年金融危机后，为防止跨境资本流动引发系统性风险、金融体系内出现顺周期的失控性正反馈效应，"逆周期"的宏观审慎政策工具被越来越多政府决策者研究和采用。境内外的利差及资产泡沫、经济过热等因素推动"热钱"跨境流入，推动资产价格膨胀，一旦本国经济前景不被看好，资本流向出现大规模逆转，资金跨境流出避险，这些会加剧本国汇率波动、导致本币贬值以及资产泡沫的破裂，甚至形成循环，引起更大规模的资本流出。托宾税基于"逆周期"的特点，属于宏观审慎政策工具的一种，被各国当局运用于跨境资本流动管理。

同时，在跨境资本流动管理中，可选择的工具主要有行政命令、数量型资本管制与价格型资本管制。托宾税直接作用于资产交易价格，采用市场化手段，直接或间接增加跨境资本交易成本，又可被当作价格型资本管制工具，应用于管理跨境资本流动。

3.5 资本账户开放和宏观审慎监管的关系

资本账户开放与金融不稳定的关系表明资本账户开放风险需要宏观审慎政策工具进行监管。已有的大量研究也分析了资本账户开放对金融稳定性的影响，认为二者之间存在着一定的反向相关关系，这一结论客观上加强了对宏观审慎监管的需求。一国资本账户开放的条件不够成熟，开放的次序、模式选择失当都可能造成短期资本流动的流量和频率成倍放大，在该国监管不力、经济金融政策不能及时做出反应的情况下就会加剧金融体系的不稳定性。

20 世纪 90 年代，一些新兴市场国家的金融危机就是资本账户开放后国内金融体系的脆弱性和经济金融政策的执行不当引起的。Bodrik（1998）和 Stiglitz（2002）认为资本账户开放并非一定会给发展中国家带来效率，反而更可能引起"热钱"大规模流入，加大金融体系风险向危机的转化的可能性。戴任翔（1999）对此也认为资本账户开放后引起的国际资本流入和宏观经济变量的变动会恶化银行体系的稳定性。曾敏丽和卢骏（2012）以 G20 成员国为研究对象，运用 Probit 模型分析了资本账户开放与金融危机之间的关系后指出，激进的资本账户开放模式比渐进的更容易引起系统性风险，从而进一步演变为系统性金融危机，不同的资本账户开放模式是导致系统性金融危机的重要原因。综上所述，资本账户自由化容易导致一国金融系统的不稳定性，尤其是在选择激进的开放模式时，金融危机发生的可能性会更高，这种金融不稳定性具体可以从资本账户开放对银行系统性风险、证券市场风险以及汇率风险的影响中体现，如图 3.4 所示。

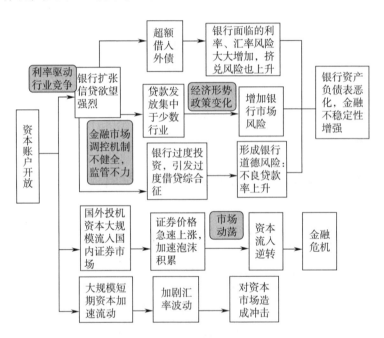

图 3.4 资本账户开放引起金融不稳定性的表现

对于资本账户开放所带来的资本流动风险，可以通过不断探索和完善宏观审慎政策工具来解决，主要以逆风向调节工具为主，包括逆周期资本缓冲要求、设置贷款价值比率上限、实时动态贷款损失拨备等。Brockmeijer（2013）较为具体化地比较了多种宏观审慎政策工具的效果，得出结论：资本充足率和准备金对信贷增长有显著的逆周期调节作用，贷款价值比（LTV）则对房地产泡沫的抑制作用比较明显。肖卫国、尹智超（2016）在国内外学者研究的基础上总结认为宏观审慎政策的研究存在不足之处，其中，现存的大多数研究以封闭型经济体为研究对象，忽视了资本流动这一重要的经济摩擦，资本账户开放愈发深入，其所带来的资本跨境流动就越容易对金融系统造成冲击，这在很多新兴市场国家得到了验证，宏观审慎政策应该关注资本流动对金融系统的冲击，及时进行风险预警，通过对金融体系经济上行期的风险进行逆周期化管理，以增强整个金融系统的抗风险能力。

第四章　代表性新兴经济体审慎监管的实践

4.1　巴西的实践

巴西是"金砖五国"之一，是重要的新兴市场国家和拉美第一大经济体。20世纪90年代和2008年巴西政府决策者为应对大规模短期跨境资本流入进行了两次托宾税实践。由于巴西一直属于渐进式改革的代表，多年来其在资本账户自由化历程中积累了丰富的经验，巴西广泛地使用托宾税管理跨境资本流动，因此本章选择重点讨论托宾税在该国的实践，这对新兴经济体资本账户管理具有重要的意义。

4.1.1　第一次托宾税实践

4.1.1.1　实践背景

拉美历史上最有影响力的阿根廷经济学家劳尔·普雷维什1949年向联合国拉丁美洲经济委员会提交的报告《拉丁美洲的经济发展及其主要问题》中系统而完整地阐述道：自大萧条以来，现实正在削弱旧国际分工格局。在新格局下，拉丁美洲这个世界经济体系外围部分的专门任务是为大的工业中心生产粮食和原材料。在国际分工中处于不利地位的拉美国家必须争取民族经济独立，促进其工业化进程的发展。

巴西作为拉丁美洲独立最早的国家之一，拥有先天的资源禀赋，包括世界上最丰富的铁矿石资源和广袤的森林资源。出口导向型的经济发展模式令巴西迅速开始了工业化进程，包括金融业在内的第三产业也逐渐繁荣起来。

巴西经济的迅速崛起增加了其对资金的巨大需求，因此巴西在1962年起开始了资本账户可兑换的努力。先是建立资本账户可兑换的法律框架，形成以"外债"主导的开放模式，再进行经济自由化改革，全面推动资本账户可兑换。

20世纪80年代以来，在享受外向型经济模式带来经常账户大量顺差的好处后，巴西开始了大规模资本账户开放的改革。1987年巴西允许外国机构投资者以投资基金形式进入证券市场。1988年巴西又完成了外汇市场化改革，取消了一系列外汇限兑举措，允许居民在外资银行设立非居民账户将本币兑换为外币。1991年巴西更是对外国机构投资者全面开放了证券市场，取消了投资额度的限制。除此之外，巴西政府还采取一系列鼓励引进外资的举措：（1）降低或取消跨境资本金融交易税（FTT），逐渐取消外国贷款的最低限制；（2）允许以外币计价的债务工具相互转换；（3）允许外国机构投资者进入巴西国内的金融衍生市场从事远期、期权、期货等交易；（4）允许巴西国内企业对外发行债券，例如美国存托凭证（ADRs）；（5）放松国内居民对外直接投资和证券投资的限制。

20世纪90年代，一系列对外开放的举措加上有利的国际环境，使巴西经济由繁荣走向过热。巴西首先面临国内经济失衡的问题，通货膨胀率持续上升，巴西政府随之采取紧缩性货币政策、扩张的财政政策、价格管制和工资控制，但是这些努力都付诸东流。资本账户的大范围开放、巴西政府为吸引外资实施的差别化利率加剧了内部失衡与境外资本的大量流入。1994年雷亚尔计划①的成功实施，再次吸引了国际投资者的目光，境外资金的流入势头更为强劲。

4.1.1.2　具体实践

为抑制境外资金过快涌入，巴西自1993年中开始寻求使用资本管制的方法减少短期资金流量，资本管制的手段包括数量型和价格型手段，但以价格型资本管制手段为主。管制先从固定收益证券开始，目标是在控制境外资金流量的同时试图改变资本流向结构，将资金引向长期投资；同时维持独立的货币政策与汇率稳定性，减轻本币升值压力。

这一轮资本管制是摸着石头过河式的渐进式开放，主要运用金融交

---

① 雷亚尔计划是指1993年底巴西推出的一系列短期内降低通胀率、恢复国家货币信誉的经济稳定计划。

易税（FTT，托宾税的一种）得以实现。然而，由于金融衍生品市场的发达以及难以区分国际资本的长短期限，实施托宾税的资金范围被迫增加，税率和被征税的资产期限也一再发生改变（见表4.1）。

表4.1 巴西第一次托宾税具体方案

时间	措施
1993 年 6 月	改变流入资本的流向：债券发行的最低期限提高至 36 个月；金融贷款的最短平均分摊期提高至 36 个月
1993 年 11 月	巴西政府对流入巴西的外资外债征收 IOF 税[1]。其中，投资固定收益基金的外资税率为 3%；投资固定收益基金的外债税率为 5%
1993 年 12 月	禁止外资进入金融市场（套期保值除外）；外资固定收益基金只准许投资联邦债券和金融投资基金
1994 年 3 月	立法，IOF 税属于联邦税，改由财政部征收
1994 年 10 月	固定收益基金的金融交易税税率由 5% 提高至 9%；外国信贷税率由 3% 提高至 7%；对证券市场上外国投资者征收 1% 的金融交易税
1995 年 8 月	投资固定收益基金的 FTT 税率升至 7%，外国贷款税率升至 5%，同时对银行间外资进入授权机构的外汇交易征收 7% 的 FTT
1995 年 8 月	对新增外币贷款实行差异税率：两年以下的为 5%、三年为 4%、四年为 2%、五年为 1%、六年及以上的免税
1996 年 2 月	外国信贷的最短期限延长至 36 个月，享受减免所得税的债券最低交易期限延长至 96 个月，禁止外资投资农业债券、国家发展基金债券
1997 年 8 月	只对最低期限为 96 个月的债券发行免征收入汇出所得税；只对最低期限为 15 年的贷款免征利息税

注：[1] IOF 税属于联邦税，全称为信贷、外汇、保险、证券交易税，简称金融操作税。

资料来源：IMF, *Annual Report on Exchange Arrangements and Exchange Restrictions*（1993—1999），作者整理。

巴西这一次托宾税实践以管制外资流入为目的，按照时间顺序梳理可以发现：1994 年以来巴西政府先从管制短期投资流入入手，同时开放资本流出，包括扩大私人非金融机构法人境外投资限额、允许法人在境外购置房产、允许巴西投资者在境外建立投资基金等。1995 年墨西哥金融危机爆发后，巴西政府随之下调进入税税率，并缩短国内贷款的最短

期限；1995 年 8 月以后政府又再次加强对资本流入的管制，提高贷款和
FIYF（Fixed Income Yield Fund，外国固定收益基金）进入税的税率，禁
止对替代性固定收益证券进行投资等。巴西政府直到 1997 年才又放松了
资本管制，降低贷款的平均期限和银行的买方头寸限制。这种"放松—
管制"的反复过程体现了巴西缺乏资本管制的经验。

4.1.1.3　实践的初步效果

　　巴西第一次托宾税实践历经近五年时间，其间施行了雷亚尔计划，
经历了墨西哥严重的金融危机，总体而言，对跨境资本流动管理的效果
不佳（见图 4.1 和表 4.2）。

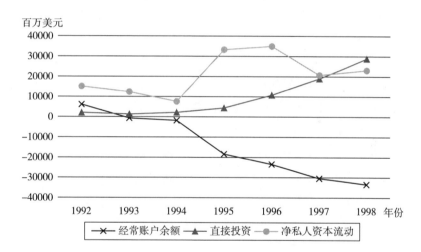

图 4.1　巴西跨境资本流动（1992—1998 年）

资料来源：Akira Ariyoshi，et al. Capital Controls：Country Experiences with Their Use and Lib-
eration. IMF Occasional Paper No. 190，2000，作者整理。

表 4.2	巴西汇率、利率差异（1992—1998 年）		单位：%
年份	名义汇率	实际有效汇率	利率差异
1992	1059	8.1	5547.4
1993	2532.5	12.6	25373.3
1994	613.4	33.5	84.8
1995	15	−4.1	42.7

年份	名义汇率	实际有效汇率	利率差异
1996	6.9	2.3	16.5
1997	7.4	7	13.4
1998	8.3	-9.8	2.6

资料来源：Akira Ariyoshi, et al. Capital Controls: Country Experiences with Their Use and Libera-tion. [R]. IMF Occasional Paper No. 190, 2000, 作者整理

第一，巴西这一轮托宾税没有减少境外资本的净流入规模。无论是资本账户的净流入还是私人资本的净流入，除个别月份外，一直呈上升态势。特别是私人资本的净流入较征收托宾税前几乎成倍增加。

第二，从维持汇率稳定性来看，巴西实施托宾税期间雷亚尔名义升值得到有效控制，但是考虑到巴西国内严重的通货膨胀，巴西的实际有效汇率升值没有得到很好的控制，特别是 1994 年，雷亚尔实际有效汇率升值近 33%。实际有效汇率升值给巴西带来不断增加的经常账户赤字，赤字额从 1993 年的 6 亿美元增加至 1998 年的 336 亿美元。

第三，此轮托宾税实践使境内外利差逐渐缩小，利差从 1994 年的 84.8% 下降到 1998 年的 2.6%。[1] 但这也反映了巴西央行维持货币政策独立性能力的下降。

4.1.2　第二次托宾税实践

4.1.2.1　实践背景

2007 年次贷危机引起的全球金融海啸，使全球经济陷入低迷。美联储采取多轮量化宽松货币政策，发达经济体利率水平持续走低，国际投资者把目标重新对准了新兴市场国家。

进入 21 世纪来，巴西经济迅速发展。在卢拉总统任期内，巴西表现出喜人的发展态势：首先，巴西的 GDP 连续几年保持 6% 以上快速的增长，通货膨胀处于可控范围内。此外，巴西的外债负担减轻，偿债能力

---

[1] 境内外利差是指巴西央行政策利率与国际市场利率之差。国际市场利率用美国联邦政策利率替代。

大大改善。2005 年巴西外债总额一度下降至 1873 亿美元，此后几年虽然外债绝对数量有小幅攀升，但是外债占 GDP 的比重一直维持下降趋势，到 2008 年降至 14.7%，远低于 20 世纪 90 年代。此外，巴西的出口、外商直接投资和外汇储备增长迅速。自 2001 年以来，巴西扭转了长达六年的贸易逆差局面，2007 年贸易顺差达到 400 亿美元。在外商直接投资方面，随着巴西信用评级被不断提高，外商直接投资从 2003 年的 101 亿美元增至 2008 年的 450.6 亿美元。在外汇储备方面，2007 年 2 月，巴西外汇储备首次突破 1000 亿美元，令人不可思议的是，2008 年 10 月巴西外汇储备再次翻了一番，超过 2000 亿美元。由于拥有发达的金融市场与自由的投资环境，巴西很快再次成为全球资本追捧的宠儿。

4.1.2.2 具体实践

巴西此次实行托宾税的目的依然是为缓解跨境资本过快流入与不断增加的本币升值压力。需要指出的是，与 20 世纪 90 年代不同，巴西早已放弃了盯住美元的固定汇率制度，实行浮动汇率。

2008 年开始，巴西开启了第二次托宾税实践，采用的工具依然是金融交易税，但对税率与征税资产范围的调整更加频繁，对跨境资金流动监测更加充分（见表 4.3）。

表 4.3 巴西第二次托宾税具体方案

时间	措施
2008 年 3 月	对外资固定收益投资征收 1.5% 的 IOF 税，后由于贬值压力，税率降为零
2009 年 10 月	对外资进行固定收益债券投资和股票投资征收 2% 的 IOF 税，次月征税范围扩大至全部债券
2010 年 10 月至 12 月	将固定收益债券和股票投资流入的 IOF 税率提高至 4%，后又调高至 6%，并扩展至金融衍生产品交易
2010 年 12 月	提高了银行短期美元头寸的准备金要求，下调了创投基金和私募基金流入巴西的 IOF 税
2011 年 3 月	对国外的短期贷款和国际债券发行征收 6% 的金融交易税
2011 年 4 月	境外征税贷款种类扩大至 2 年期中期贷款
2011 年 7 月	对美元期货交易征收 1% 的金融交易税

续表

时间	措施
2012 年 3 月	对征收税款的境外贷款期限扩大至 3 年，又上调至 5 年
2012 年 6 月至 12 月	对征收 6% 金融交易税的外债的期限缩短至 2 年以下，后又缩短至 1 年以下
2013 年 6 月	取消针对固定收益投资的金融交易税，取消针对外汇衍生品的金融交易税
2014 年 6 月	对征收金融交易税的境外贷款期限缩短至半年以下

数据来源：IMF, *Annual Report on Exchange Arrangements and Exchange Restrictions*, 2008—2012&IMF Data，作者整理。

在吸取了 20 世纪 90 年代跨境资本管理的大量经验教训后，巴西在 2008—2013 年征收托宾税的同时，采取了一揽子互相协调的宏观经济政策，如 2008—2011 年巴西央行开始干预外汇市场，使巴西外汇储备从 2008 年 12 月的 1390 亿美元增加至 2011 年的 3520 亿美元。除此之外，巴西还采取了对银行的美元头寸征收准备金等其他宏观审慎工具，与之配合的还有紧缩的财政政策。

4.1.2.3 实践的初步效果

巴西第二次托宾税实践是基于宏观审慎框架实施的，强调对经济的逆周期调节，采取征税的形式并配置相应宏观经济政策，对跨境资本流动管理起到了一定的效果。

第一，从改善跨境资本流入结构看，巴西第二次托宾税实践起到了明显的效果。尽管巴西总资本流入仍不规则波动，但巴西的总资本净流入没有过快增长（除个别月份外）。值得关注的是短期资本快速流入被成功遏制。从跨境资本期限结构上看，长期资本总量高于短期资本总量，跨境资本结构得到合理改善（见图 4.2）。

第二，巴西此轮托宾税实践一定程度上维持了汇率的相对稳定，有利于巴西当局跨境资本流动管理。在浮动汇率制度下，2008—2013 年巴西雷亚尔名义汇率并没有受到较大冲击，尤其是 2009—2012 年巴西本币升值的趋势被及时有效地遏制。但是 2012 年后雷亚尔贬值的趋势没有得到控制（见图 4.3）。

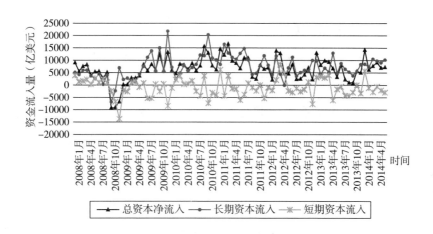

图4.2　巴西跨境资本流入结构（2008—2014年）

数据来源：巴西中央银行网站，资产负债表月度数据。

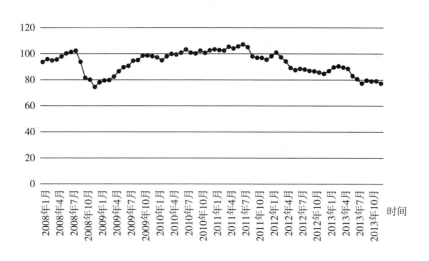

图4.3　巴西雷亚尔名义汇率走势（2008—2013年）

数据来源：巴西中央银行网站。

第三，从巴西央行利率与国际市场利率的利差来看，境内外利差得到一定程度的缩小，从2008年1月的37.42%下降至2013年12月的25.75%，货币政策独立性是否下降难以判断。

61

4.2 智利的实践

智利作为南美重要的经济体，在资本账户开放、跨境资本流动管理上同样积累了丰富的经验。与巴西不同的是，智利曾是激进式改革的代表，过早尝试了金融自由化和资本账户开放，国民经济一度面临危机，政府不得不重新干预宏观经济运行。智利曾在 20 世纪 90 年代初采取无息准备金的形式进行资本管制，具有重要的实践意义。

4.2.1 实践背景

智利的资本账户自由化进程始于 1970 年，经济全球化与金融自由化的浪潮从此席卷智利。1975 年智利首先尝试了利率市场化改革，放开了金融机构的利率管制，存款、贷款利率开始由市场决定。在进行利率市场化改革的同时，智利当局还放开企业去境外融资的限制，允许企业获得境外贷款。由于智利国内的贷款利率高于国际市场，因此越来越多的企业到境外市场寻求廉价资本；同时跨境资本流入使智利比索大幅度升值，出口严重恶化。石油危机的发生使智利的贸易状况雪上加霜，经常账户赤字不断增加，GDP 出现负增长，失业率不断上升，国内矛盾集聚。1982 年智利当局被迫放弃了固定汇率制度，拉美金融危机也传导到智利国内，智利债务危机爆发。

面对危机，智利政府重新干预市场。一方面，智利将银行重新国有化，政府为存款担保，保护储户利益；另一方面，智利当局同时采取积极的财政政策与紧缩的货币政策，平衡财政支出，降低通胀率，采取爬行盯住汇率制度、不定期地进行货币贬值以促进出口产品国际竞争力。一系列刺激经济复苏的手段使经济最终走向过热，抑制通胀的最初目标远没有达到，国内外利差反而进一步拉大，"热钱"也不断涌入。在独立的货币政策与汇率稳定不可兼得的情形下，智利政府选择采取无息准备金制度以应对短期资本跨境流入。

4.2.2 具体实践

无息准备金制度（URR），是针对境内借款者和境外投资者流入资本征收的准备金，按规定的币种将一定比例的流入资本在中央银行无息存放一段时间，其主要的目的是通过提高特定种类资金流动成本来降低其流动性。由于无息准备金是在跨境资本流入时征收，可被当作一种非对称托宾税。

智利的无息准备金政策最初只针对除贸易以外的外国贷款征收，征税范围为债务工具。随后智利当局根据实际情况频繁进行政策调整，在提高征收比率的同时将资产覆盖面继续扩大至其他类型的短期资本流入，包括外国直接投资。1995 年智利无息准备金征收范围大约涵盖总资本流入的 30% ~40%，比率一度提高至 30%，具体政策调整见表 4.4。

表 4.4　　　　　　　　　　　智利的无息准备金制度

时间	措施
1991 年 6 月 17 日	对所有商业银行及金融机构新增外国借款征收 20% 的非补偿准备金，以借入币种的同币种存入，90 天至 1 年的信贷，存放 90 天；1 年以上的信贷，存放 1 年，后扩大至除贸易信贷外的银行及其他部门的所有对外贷款
1991 年 6 月 27 日	借款者可以通过回购协议安排满足无息准备金的要求
1991 年 7 月	将无息准备金征收范围推广至续借的贷款
1992 年 1 月	将无息准备金征收范围扩展至所有外币存款
1992 年 5 月	将无息准备金比例提至 30%，无论贷款期限长短，无息准备金一律存放 1 年（除公司国外借款）
1992 年 8 月	无息准备金提至所有交易比例的 30%，贴现率上升至 LIBOR + 2.5%
1992 年 10 月	贴现率上升至 LIBOR + 4%
1994 年 11 月	1995 年 1 月起，无论借贷币种，无息准备金只以美元存放
1995 年 7 月	补充无息准备金适用于美国存托凭证（America Depositary Receipts，ADR）
1995 年 12 月	偿还贷款的新借款无息准备金可以免除
1996 年 5 月	无息准备金适用于潜在投机性的外商直接投资
1996 年 12 月	免除小额贷款（不超过 20 万美元或 12 个月内累计小于 50 万美元）的无息准备金
1997 年 3 月	将无息准备金免除范围扩大至不超过 10 万美元的信贷或 12 个月内累计不超过 10 万美元
1998 年 6 月	无息准备金比例降至 10%，但短期信贷和外币储蓄除外
1998 年 9 月	无息准备金减少至零，外国投资者必须持有资产一年以上

资料来源：Bernard Laurens，Chile's Experience with controls on capital flows，1990，作者整理。

智利在实施无息准备金政策的同时，还采取了一系列宏观经济政策。第一，智利政府一直致力于改善财政收支状况，1988—1997年智利始终维持着占GDP比重高于2%的财政盈余，这有助于缓解由于外汇储备增加和对冲带来的通胀压力。第二，智利当局还采取了有弹性的汇率政策，通过逐渐扩大汇率波动幅度实现本币的有序升值。第三，完善审慎监管框架。智利在1988—1997年发展了审慎的金融框架，包括披露标准、严格的贷款分类规则及坏账准备金，严格限制与汇率敞口风险相关的银行贷款，建立良好运行的银行体系。第四，建立严格的资本流入监测框架，同时放松资本流出管制。智利对此方面的监管甚至比某些发达国家还要严格，对外汇遣返、结汇要求、外国直接投资和证券投资的最低停留时间都作了详尽的规定，全部资本流入和流出都需通过许可机构在外汇市场上进行，资本流出还需向中央银行报告。同时，1992年后智利当局逐渐放松资本流出管制，包括对外直接投资和银行对外贷款。

4.2.3　实践的初步效果

智利的无息准备金政策历时七年之久，下面对其对跨境资本流动的影响做出初步评价。

第一，智利无息准备金政策并未起到减少跨境总资本流入的作用，但可以看出随着时间变化，长期资本占总资本比重逐渐上升，短期资本占总资本比重逐渐下降。跨境资本结构得到改善（见图4.4）。但据Soto（1997）实证研究显示无息准备金政策对资本流入总额的影响很小，以30%的比率计算，全部资本流入量仅减少4亿美元，并且没有证据表明无息准备金对改善跨境资本期限结构有显著作用。

第二，智利在1991—1997年平均每年本币汇率升值4%左右，Edwards（1998）和Soto（1997）实证研究显示，智利的无息准备金政策没有显著改善智利的实际汇率走向。

第三，智利实际利率自1991年起稳步上升，虽然在此期间国际市场利率是下降的，见图4.5。但Simone和Sorsa（1999）的实证研究显示，智利的无息准备金政策起到了提高货币政策独立性的作用。

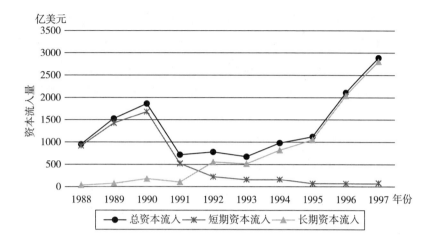

图 4.4　智利跨境资本流入（1988—1997 年）

数据来源：国际货币基金组织 IMF 数据库。

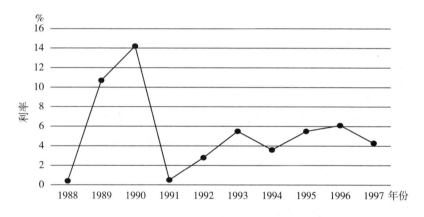

图 4.5　智利实际利率走势（1988—1997 年）

数据来源：智利中央银行。

4.3　巴西和智利托宾税实践的共性

从巴西和智利的托宾税实践来看，两国虽然采取了金融交易税和无息准备金两种不同的形式，但两国实施托宾税时的共性做法值得思考和借鉴。

第一，两国征收托宾税均是为了应对短期跨境资本的大规模流入和解决日益增长的国际收支顺差问题，实施托宾税前都经过审慎的考虑。巴西和智利在实施托宾税前均面临经济过热引起的高通胀，随之还有国内居高不下的失业率。由于内部经济失衡往往是外部失衡的真实写照，在制定政策解决外部失衡问题前，巴西和智利当局分别作出调整国内经济政策的努力。例如巴西在 20 世纪 90 年代初采取价格管制、减支增税、紧缩的货币政策均未起到抑制通胀的作用，内部失衡愈演愈烈。智利在 20 世纪 80 年代末同样面临高通胀的问题，并采取提高央行基准利率的做法，国内外利差也因此加大，跨境资本流入随之增多，外部失衡问题日益暴露，智利当局面临维持货币政策独立性和稳定汇率的两难问题。因此，可以看出，两国在使用托宾税作为跨境资本流动管理工具前都尝试过各种宏观经济政策工具，这些工具失效后才转而使用托宾税。

第二，两国采取的金融交易税和无息准备金产生的经济效应相似，且两国托宾税主要针对资本流入方向进行管制。无论是金融交易税还是无息准备金，都是"向飞速运转的车轮里掷一些沙子"，增加短期跨境资本交易成本。巴西的金融交易税计税基础为各类跨境资本交易额，管制重点为资金流入方向，此举意在减少跨境资金流入规模，增加短期资金投机成本，吸引长期投资资金。智利的无息准备金通过将一定比例的跨境资金无息放入中央银行，减少短期资金回报率，减少以投机为目的的跨境资金流入，起到改善资本流入期限结构的作用。

第三，巴西和智利托宾税实践表明，托宾税只是短期资本管制工具，不能够长期使用。通过巴西两次托宾税和智利无息准备金实践可以看出，随着时间的推移，托宾税减少跨境资本流量的效应会愈加不明显。长时间使用托宾税还会产生投资者回报递减的预期，不利于一国吸引长期资本投资。

第四，从两国的托宾税实践来看，实施托宾税的同时还应辅之以相应的政策配合。巴西 2008—2013 年实施托宾税的同时还配合采取了诸如对银行美元外汇征收头寸准备金、紧缩的财政政策等。智利实施无息准备金制度期间当局建立了弹性汇率制和严格的宏观审慎框架。值得注意的是，两国实施托宾税都采用灵活动态调整的原则，不断调整工具税率、征税资产范围及征税期限。

4.4　韩国的实践

4.4.1　实施背景

韩国宏观审慎政策的实施是危机推进型的。1997 年韩国金融危机的爆发使其外汇储备消耗殆尽，韩元急剧贬值，金大中政府（1998—2003年）为了接受 IMF 的援助条件被迫实行开放程度更高的资本账户自由化政策，包括放宽外资的投资上限，[①] 国外投资者在韩国股票市场购买上市公司股票不再受限，取消国内企业的借款限制等。韩国学者认为危机与韩国经济模式相关。第一，从内部来看，政策目标与经济周期间存在时间差。韩国经济比世界经济周期短，经济周期短，政策准备时间也随之缩短。因此，在缺乏风险识别和对策的情况下，经济目标贸然推进。第二，经济政策的制定者偏好风险，为追求高增长可能不择手段，但是在内外环境变化下，如果政策失灵，就可能带来危机。第三，韩国对外部资本和市场的依赖放大了经济原有的脆弱性。第三种原因导致危机发生的概率更高。近乎激进的资本账户开放模式使韩国没来得及也没有能力应对系统性风险。成为成熟的市场经济体必须有能力建立最大限度地降低危机发生的稳定运行的经济体系，一国从整体经济运行的角度设计宏观审慎框架是避免系统性风险的关键。

4.4.2　宏观审慎政策工具的实施

1. 宏观审慎政策制度安排

1997 年亚洲金融危机对韩国经济产生强烈冲击，2008 年金融危机后韩国又成为重灾区，两次危机都使韩国政府充分意识到了金融系统稳定的重要性。尽管 2008 年危机后韩国经济以较快速度复苏，但是韩国银行体系对于急速发展的房地产还很脆弱，系统性金融风险依然存在，为顺应全球监管趋势，韩国也构建了后危机时代的多头宏观审慎政策制度框

---

① 1997 年分两步提高：从 26% 增至 50%，在年底前再增至 55%。1998 年实现完全取消。

架（见表4.5），由多个机构共同行使宏观审慎监管决策权。

表4.5　　　　　韩国后危机时代的多头宏观审慎政策安排

监管机构	主要职责	在金融体系中的地位
韩国银行 （中央银行）	对影响系统性金融风险的因素进行检测与评估； 为出现金融脆弱性的银行提供流动性等	核心
金融监督委员会 （1998年）	执行金融监管的法律法规政策规范，指导金融监督院的日常监管行为，受总理室管辖	金融监督院受到 金融委员会的制约
金融监督院 （1999年）	是金融监管委员会的检查、监督业务执行机构，监督金融机构和市场的运行	
存款保险公司 （1997年）	负责运行存款储蓄保险制度	参与对风险因素的 综合监督、评价
企划财政部	管理国库财政收支，促进经济增长	与金融稳定利害相关

资料来源：根据张慧智和刘雅君的《韩国宏观审慎政策构建、实施及发展方向分析》整理。

由于多主体共同参与金融稳定系统的决策，难免会出现协商不一致、责任互相推诿的情况，为宏观审慎政策在韩国的推行带来一定阻碍。各部门经过多次协商谈判，2011年底《韩国银行法修正案》得以通过。该法案对韩国银行的目标进行了补充，在原有的稳定物价目标基础上，增加了"央行制定货币政策时要保障金融稳定"的目标，强化了韩国中央银行的宏观审慎核心职能地位。

2. 具体的宏观审慎政策工具

为了降低金融脆弱性，有效应对房地产市场的价格波动和国际资本流动的不确定性，韩国灵活运用LTV、DTI（debt service-to-income，债务收入比）、资本充足率等指标对影响系统性风险的资本进行调节，在2008年金融危机后韩国银行设计出了"宏观审慎政策系统性风险评估模型"（Systemic Risk Assessment Model for Macroprudential Policy，SAMP），目的是及时对系统性风险进行预警。

2008年金融危机之后，以美国为首的发达国家相继实行量化宽松政策，使大量的过剩流动性向新兴经济体转移。韩国的资本账户自由化程度较高，因此面对过度的资本流入极易导致顺周期性，引发系统性风险。韩国先后于2010年末向外国投资者征收政府债券利息预扣所得税，2011

年向银行的非存款外币债务征收银行税，通过征收这些宏观审慎稳定税来增加短期资本流动的成本，从而减少外国投资者的投机冲击。此外，2010 年 7 月韩国银行提出禁止向本国企业发放外币贷款，即使是用于国内设施投资也不可被批准；2011 年 7 月，禁止国内金融机构购买本国公司发行的在国内使用的以外币计价债券。

韩国卷入此次金融危机后，短短 3 个月内外资银行就从韩国撤资 261 亿美元，短期借贷的突然中断使韩国的债务偿还额激增至 228 亿美元，韩元贬值 44%。韩国从 2010 年开始制定期货外汇净头寸额度限制（见表 4.6）。此项宏观审慎政策措施的明显效果就是 2011 年欧洲主权债务危机对韩国的投机冲击减弱，外国资本撤离规模大大缩小。

表 4.6　　　　　　　　　　韩国宏观审慎政策工具概览

宏观审慎政策工具	主要目标	具体操作
SAMP	将宏观经济对金融体系稳定性冲击的第一轮直接效应和金融危机后的第二轮扩散效应模型化	宏观风险因素概率分布、银行损益、破产传导、融资流动性传染、多阶段计算损失和系统性风险六大模块协同发挥作用
LTV（贷款价值比）	调整以住房担保为主的家庭资产信贷结构，遏制住房贷款增长和房地产投机	主要用于限制高消费投机区的住房购买，韩国政府持续调节 LTV，自 2002 年引入 LTV 上限，维持在 40%～70% 的区间内，2008 年除首尔的高投机区外取消 LTV 限制，以避免过度放贷造成系统性风险扩散。2009 年 LTV 监管范围扩大到市区的金融机构，LTV 降到 50%。2013 年为了缓解房价持续下跌，LTV 增长至 70%
DTI（债务收入比）[1]	稳定房价，改善家庭负债结构	韩国自 2005 年引入 DTI 上限，此后根据房地产价格波动收紧 4 次，放松过 2 次。2007 年 2 月购房的 DTI 为 40%～60%，8 月非银行金融机构的该比率调整为 40%～70%。2008 年 11 月取消了除首都核心圈（江南等区）之外地域的贷款偿还限制，2009 年 DTI 管控恢复到非投机区，2012 年 DTI 增加至 50%。2013 年韩国政府给予银行自行决定当前 50%～60% 的 DTI 水平的自主权

续表

宏观审慎政策工具	主要目标	具体操作
宏观审慎稳定税——政府债券利息预扣所得税；银行税（非储蓄短期外汇债务）	加强对外国资本流动突然逆转的防御，降低资本流动性变化的顺周期性	银行税征收标准（根据贷款期限最高征收0.5%的税）： <1年，税率为0.2%； 1~3年，税率为0.1%； 3~5年，税率为0.05%； >5年，税率为0.02%
净外汇敞口头寸额度限制	优化外资银行的债务期限结构，减少短期外汇资本的大规模进出	2010年10月：韩国国内银行的外汇净头寸额度为上月末普通股本的50%，外资银行为上月末自有资本的250%； 2011年7月：国内银行外汇持有额度降至40%，外资银行降至200%； 2012年12月：国内银行的额度限制再次降低，为30%，外资银行也降至150%
贷款损失拨备	提高银行在经济衰退期的偿付能力	银行将住房贷款的最低贷款损失准备金比率分为一般性拨备比率和前瞻性拨备比率，其先后在2002年、2006年经过两次调整，前者从0.5%提高到0.75%，再增至1%；后者从2%提高到8%，再增至10%。可疑贷款的准备金率提高至55%
准备金制度	控制银行的信贷规模	2006年，活期存款、货币市场存款账户和其他非储蓄存款的准备金率从5%提高到7%。长期储蓄存款的准备金率从1%到零。11月，所有存款的准备金率从3%上升到3.8%。另外，外币活期存款的存款准备金率从5%上升到7%
资本充足率	监测银行抵御风险能力	风险资产权重介于60%~70%

注：DTI = 购房者每年偿还的房贷/年支配收入，反映贷款人的金融承受力。

资料来源：根据 Cheng Hoon Lim，Ivo Krznar，Fabian Lipinsky，Akira Otani，Xiaoyong Wu. The Macroprudential Framework：Policy Responsiveness and Institutional Arrangements〔R〕. IMF Working Paper，July 2013；张启阳（2013）《韩国央行宏观审慎政策系统性风险评估模型及对我国的启示》相关资料整理。

可见，宏观审慎政策工具的出台是危机推动的结果。韩国银行体系对高速发展的房地产市场表现尤其脆弱。亚洲金融危机之后，韩国的扩张性政策导致信贷繁荣，实际房价在2001—2003年上涨了26%，2004年停滞，2005—2007年再次增长了14%，但是由于全球金融危机的负面影响房价再次下跌，鉴于房地产政策的系统性影响，无论是维持消费者信心和社会福利，还是进行宏观经济管理，严格控制房地产市场风险都是韩国宏观审慎监管的重要目标。韩国宏观审慎监管部门有多个，但监管的重点部门还是韩国中央银行，它直接或间接地操作着有关金融稳定的所有环节，更是多次使用了货款价值比、债务收入比和贷款损失拨备调整等多种审慎工具，将控制外部金融风险和内部金融风险相结合，以稳定房价。

3. 托宾税实践

与巴西、智利的托宾税实践相比，韩国的预扣税征收时间较短，是针对资本外逃的应急举措。

2010年以来，新兴经济体净资本流入大幅放缓，韩国一度出现跨境资本外逃现象。2011年韩国政府开始对外国投资者购买国债和货币债券的利息征收14%的预扣税。除此之外，韩国政府还规定了对外汇衍生品交易的头寸限制，例如，从2010年起要求国内银行持有外汇衍生品头寸不得超过上月末权益资本金的50%，外资银行持有头寸不得超过250%；2013年政策更是严格收紧，规定国内银行不超过股本金的30%，外资银行不超过股本金的150%。同时，韩国于2011年对国内外银行持有非核心外币负债征收0.2%以下的稳定特别费。

4.4.3　实施效果

跨境资本流动管理是宏观审慎监管过程中的重要环节。调节跨境资本流动的工具主要有以财政、货币、汇率政策为主的宏观经济管理政策、资本管制以及宏观审慎政策系列工具。但是由于各自的政策目标不同，因此对于资本流动管理目标的实现程度也不同。宏观审慎政策工具的实施直接影响借贷行为，能避免不必要的福利损失，因而可以作为资本流动管理的首选调节工具。

亚洲金融危机期间，韩国资本流入占 GDP 比例呈缩减趋势，资本流出规模则相对扩大（见图4.6与图4.7）。韩国受东南亚金融危机影响严重，外国投资者争相撤资，国内投资者纷纷将本币资产转换为美元资产，1997 年其资本流出占 GDP 之比高达 5.36%（见图4.7）。

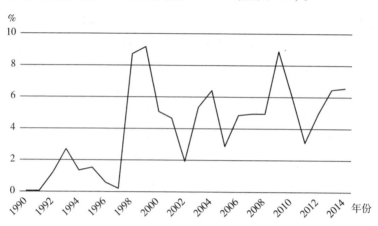

图 4.6 韩国资本流入与 GDP 之比

数据来源：IMF 数据库。

2008 年金融危机后，新兴市场国家的净资本流入下降趋势明显，韩国也不例外，这更多地与全球经济的低迷形势有关，实行浮动汇率制的高储备国则能相对抵消一部分资本流入下降的影响。2008 年，受实体经济、金融系统、投资者预期的传染机制影响，韩国的短期国际资本流入突然停止和撤回，韩元严重贬值，加之投资者的金融恐慌预期，韩国 2008 年和 2009 年的资本流出比例攀升至 5.63% 和 5.88%，成为此次金融危机的重灾区。韩国危机后建立了 SAMP 模型以对系统性风险及时监测，并通过净外汇敞口头寸额度限制短期外汇资本的大量流动，以及调整资本充足率、贷款价值比等指标来缓解金融体系的顺周期性，降低了韩国的国际资本流动敏感性。

在跨境资本流动中，直接投资的稳定性最高，非直接投资（包括证券投资和其他投资）相对来说风险较高，债务类的其他投资资本流入容易助长危机期间的资本流出。亚洲金融危机期间，韩国的非直接投资流

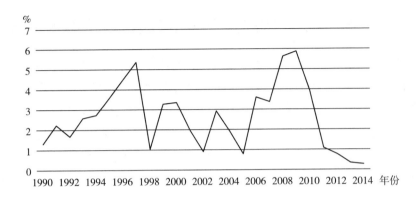

图 4.7　韩国资本流出与 GDP 之比

数据来源：IMF 数据库。

出较多，这与韩国在亚洲金融危机受冲击较大紧密相关。在 2008 年金融
危机爆发前，韩国有较大规模的非直接投资流入（见图 4.8），这些资本
流入在危机发生时急剧转变为资本流出，对经济稳定性打击较为严重。
因此在进行资本账户开放过程中，证券投资和其他投资的次序要置于直
接投资之后，必要时需要采取一些资本管制措施，韩国通过征收宏观审
慎稳定税，对净外汇敞口头寸进行限制，这些宏观审慎政策工具的使用
为应对危机前的大量资本流入突然逆转起到了一定的缓冲作用。

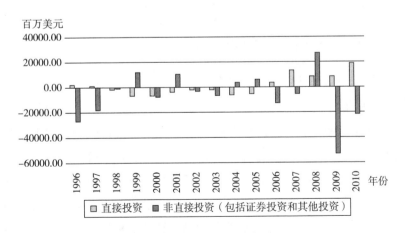

图 4.8　韩国的跨境资本流动

数据来源：IMF 数据库。

4.5 托宾税对跨境资本流动管理有效性的实证研究

在梳理了巴西、智利和韩国的托宾税实践后，可以作出初步总结：巴西20世纪90年代第一次托宾税实践没有起到控制跨境资本流量、改善资本流入结构、维持汇率稳定的作用，对增强央行货币政策独立性效果也有限，因此此次托宾税对跨境资本流动管理无显著效应；智利20世纪90年代的无息准备金没有起到降低跨境资本总流量的作用，有学者实证结果表明其对改善跨境资本流入结构无显著影响，没有显著维持智利汇率的稳定性，但对维持货币政策独立性有一定效应，本书认为，智利单一的无息准备金政策对跨境资本管理作用不大；从实践初步效果看，巴西2008—2013年托宾税实践控制了跨境资本流入过快，改善了结构期限，有助于稳定汇率，但对于是否增强了货币政策独立性尚不确定。韩国采用了宏观审慎工具组合，预扣税对缓和资本外逃有缓冲作用。由于2008—2013年巴西在托宾税实践的同时还进行了多项"稳增长、调结构"的宏观经济政策配合。下文将选择 VAR 模型对托宾税在跨境资本流动管理方面的有效性进行实证研究，具体分析托宾税对跨境总资本净流入、跨境长期资本净流入、跨境短期资本净流入、汇率稳定、货币政策独立性的冲击作用。

4.5.1 指标的选取及数据来源

1. 解释变量的选取及数据来源

本书中解释变量为托宾税。不少学者只把托宾税当作一个简单的二分虚拟变量，然而巴西在托宾税实践中不但多次调整税率，还对征税资产范围、起止时间有更为明确的规定，二分变量并不科学。因此，根据 IMF《汇率安排与汇兑限制年报》，设置解释变量托宾税指数，记为 TB，表示为资产项覆盖比例与托宾税税率之积，若跨境资产项全覆盖征税，资产项覆盖比例记为1，部分资产征税则要计算征税资产项占总体的百分比，若跨境资产项全部取消征税，则资产项覆盖比例记为0；托宾税税率为 n%，依据具体实践中税率确定。样本区间从2008年1月至2013年12

月，构建月度时间序列。

图 4.9 表示的是 2008 年国际金融危机后巴西的托宾税指数图，图中托宾税税率具有明显的阶段性特征，危机期间上升，2013 年后逐步下降。

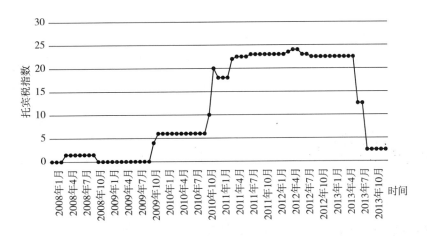

图 4.9　巴西托宾税指数走势

数据来源：IMF《汇率安排与汇兑限制年报》（2008—2013 年），作者计算整理。

2. 被解释变量的选取及数据来源

托宾税对跨境资本流动管理的目标主要有以下三个：第一，减少短期跨境资本净流入，改善长短期跨境资产结构比例；第二，维持汇率的稳定性，避免汇率大起大落对国民经济造成严重损害；第三，维持货币政策独立性，使央行能够有足够时间对货币政策做出反应。

鉴于此，本书共选择五个被解释变量衡量跨境资本流动管理的有效性。选择总资本净流入 NGG、长期资本净流入 LGG、短期资本净流入 SGG 指标衡量跨境资本流动规模与结构；选择巴西名义汇率 RX 指标衡量汇率的稳定性；选择巴西市场贷款利率与国际市场贷款利率之差 Δi 指标衡量巴西货币政策独立性。其中，总资本净流入等于直接投资流入净额、组合投资及衍生品流入净额、其他投资流入净额之和。总资本净流入同时包括长期资本净流入与短期资本净流入：长期资本净流入包括直接投资净流入、组合投资及其他投资流入的中长期部分；短期资本净流入包括组合投资及其他投资中的短期部分①。基于数据可获得性，国际市场贷款利率指标选择利率市场化国家美国的贷款利率作为替代，因为美国也是全世界资本交易最为自由和活跃的国家。数据来源于巴西中央银行网站与经济学人 EIU 数据库。

3. 控制变量的选取及数据来源

为研究托宾税对跨境资本流动管理的有效性，要排除其他变量对跨境资本净流量的影响。由于影响总资本净流入、长期资本流入、短期资本流入的因素有很多。本书依照经济理论与数据的可获得性，依据以下条件选择控制变量。

（1）经济发展水平。Reinhart 和 Montiel（2001）认为高经济增长率是国际资本流入最重要的拉动因素。随着全球化进程的显著推进，经济强劲的新兴市场国家无疑会吸引更多跨境资本的流入，特别是长期资本的流入。由此可见，经济增长是影响跨境资本净流动的重要因素。通常衡量经济增长的指标是 GDP，由于本书使用的数据全部是月度数据，GDP统计最小口径为季度数据，Chow 和 Lin（1971）提出用工业增加值将季度 GDP 转化为月度 GDP 的方法。基于巴西是第二产业占经济总量比值较高的国家，第二产业发展很大程度上决定了巴西的经济走向，该方法具有可操作性。因此，选择调整后的 GDP 作为总资本净流入、长期资本净流入、短期资本净流入的控制变量。

（2）本国利率与国际市场利率之差。根据投资收益原理，资本会自发地由收益率低的国家流向收益率高的国家，利率是资本回报率的重要体现。IMF（2011a）指出发达国家的低利率的推动与新兴市场国家的高利率的拉动，使国际资本大量流向新兴市场国家。因此，本书选择本国利率与国际市场利率之差 IRT 作为总资本净流入、长期资本净流入与短期资本净流入的控制变量。

（3）汇率稳定性。一国汇率的稳定也是影响资本流动的重要因素。一国货币币值不稳定会影响投资者的信心。曹媚（2009）分析了国际投

---

① 本小节参考了胡雅梅、樊夕、李松玲（2015）的某些做法。

机资本流入的原因，发现货币存在升值预期、汇率不稳定是影响跨境资本流入的重要因素。由于巴西完成了汇率市场化，因此本书选择巴西名义汇率 ERT 作为总资本净流入、长期资本净流入与短期资本净流入的控制变量。

（4）金融发展程度。在高度发达的金融体系，市场具有较高的流动性往往吸引更多国际资本的进入。Lone 等（2010）强调金融发展对跨境资本流动的重要性。金融高度发展的国家货币创造能力强，因此，本书选择巴西广义货币量 M_2 与 GDP 之比金融深化度 IRF 作为金融发展程度的衡量指标，也总代表资本净流入、长期资本净流入与短期资本净流入的控制变量。

控制变量的数据来源于国家统计局网站国际数据及巴西中央银行网站，对部分数据进行了调整处理。

4.5.2　基于 VAR 模型的实证分析过程

1. 数据调整及平稳性检验

由于各指标存在数量级和单位的不一致，为消除量纲上的差异，也为了消除时间序列固有的趋势项和季节周期性，故先对序列 TB、LGG、SGG、NGG、IRT、ERT、GDP、IRF 取自然对数处理，并对其进行单位根检验。考虑到单位根检验中是否包含常数项、趋势项可分为三种情况，由于每个时间序列均值非零，因此这里采用有截距项和常数项或有截距项的 ADF 检验。检验结果如表 4.7 所示。

表 4.7　　　　　　　　　　　各变量平稳性检验

变量	检验类型	ADF 值	1% 临界值	5% 临界值	是否平稳
lnTB	(c, t, 1)	−7.2165	−4.1372	−3.4952	一阶平稳
lnNGG	(c, 0, 0)	−2.9410	−3.5270	−2.9035	平稳
lnSGG	(c, 0, 0)	−3.5978	−3.6394	−2.9511	平稳
lnLGG	(c, 0, 0)	−5.8028	−3.5256	−2.9029	平稳
lnERT	(c, t, 1)	−5.8624	−4.0945	−3.4753	一阶平稳

变量	检验类型	ADF 值	1% 临界值	5% 临界值	是否平稳
lnIRT	(c, t, 1)	−6.3992	−4.0945	−3.4753	一阶平稳
lnGDP	(c, 0, 1)	−8.1640	−3.5270	−2.9035	一阶平稳
lnIRF	(c, t, 1)	−6.0806	−4.0945	−3.4753	一阶平稳

由检验结果可知,各变量均为 I(0)或 I(1)过程,即原序列平稳或一阶差分序列平稳。为保证变量的经济意义,同时避免伪回归,故将各变量进行一阶差分转化为增长率形式,同时保持变量的平稳性。

2. 模型滞后阶数的选择与 VAR 稳定性检验

由于本书欲研究托宾税对 NGG、SGG、LGG、ERT 及 IRT 的冲击,需要建立五组 VAR 模型,因此本小节将分别论述这五组 VAR 模型滞后阶数的选择与 VAR 稳定性检验。

(1)托宾税对总资本净流入的冲击。研究托宾税对总资本净流入的冲击时,被解释变量为总资本净流入 NGG,解释变量为托宾税指数,控制变量为巴西国内生产总值 GDP、名义汇率 ERT、境内外利差 IRT 及金融深化度 IRF。

在选择滞后阶数时,滞后阶数越大,越能完整反映构造模型的动态特征,但同时模型的自由度会减少,从而影响参数的有效性。

表4.8   VAR 模型滞后阶数选择(1)

Lag	LogL	LR	FPE	AIC	SC	HQ
0	−55.49207	NA	0.054239	2.760525	3.078549	2.879659
1	−52.19481	5.734376	0.056040	2.791079	3.268115	2.969779
2	−43.49437	14.37464	0.045872	2.586712	3.222761	2.824979
3	−36.64464	10.72131 *	0.040809 *	2.462811 *	3.257872 *	2.760645 *
4	−36.38567	0.382829	0.048529	2.625464	3.579538	2.982866
5	−35.75950	0.871189	0.057053	2.772152	3.885238	3.189121

如表 4.8 所示,在综合考虑自由度、AIC、SC 准则后,选择建立 VAR(3)模型。将建立的 VAR(3)模型进行平稳性检验,所有 AR 根

模的倒数均小于 1，即在单位圆内，因此建立的 VAR（3）模型是稳定的（见图 4.10）。

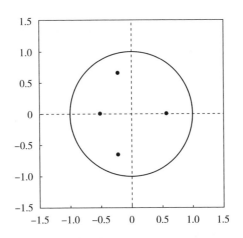

图 4.10　总资本净流入的 VAR 模型平稳性检验

（2）托宾税对长期资本净流入的冲击。研究托宾税对长期资本净流入的冲击时，被解释变量为长期资本净流入 LGG，解释变量为托宾税指数 TB，控制变量为国内生产总值 GDP、名义汇率 ERT、境内外利差 IRT 及金融深化度 IRF。运用同样的方法选择模型滞后阶数，结果如表 4.9 所示，选择建立模型 VAR（2）。

表 4.9　　　　　　　　VAR 模型滞后阶数选择（2）

Lag	LogL	LR	FPE	AIC	SC	HQ
0	−94.27063	NA	0.292783	4.446549	4.764574	4.565683
1	−87.74798	11.34375	0.262922	4.336869	4.813905	4.515569
2	−79.42687	13.74791 *	0.218796 *	4.148994 *	4.785044 *	4.387262 *
3	−77.52265	2.980524	0.241342	4.240115	5.035177	4.537950
4	−75.86049	2.457107	0.270007	4.341760	5.295834	4.699162
5	−75.26428	0.829511	0.317850	4.489751	5.602837	4.906720

对 VAR（2）模型进行平稳性检验，结果显示 AR 根模的倒数均在单位圆内，模型是平稳的（见图 4.11）。

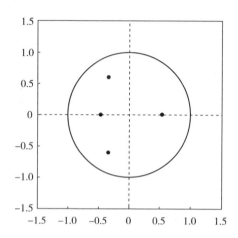

图 4.11　长期资本净流入的 VAR（2）模型平稳性检验

（3）托宾税对短期资本净流入的冲击

研究托宾税对短期资本净流入的冲击时，被解释变量为短期资本净流入 SGG，解释变量为托宾税指数 TB，控制变量为国内生产总值 GDP、名义汇率 ERT、境内外利差 IRT 及金融深化度 IRF。根据分析结果表4.10，选择建立模型 VAR（2），同时对 VAR（2）进行平稳性检验，检验通过（见图4.12）。

表 4.10　　　　　　　　　　VAR 模型滞后阶数选择（3）

Lag	LogL	LR	FPE	AIC	SC	HQ
0	− 94. 27063	NA	0. 292783	4. 446549	4. 764574	4. 565683
1	− 87. 74798	11. 34375	0. 262922	4. 336869	4. 813905	4. 515569
2	− 79. 42687	13. 74791 *	0. 218796 *	4. 148994 *	4. 785044 *	4. 387262 *
3	− 77. 52265	2. 980524	0. 241342	4. 240115	5. 035177	4. 537950
4	− 75. 86049	2. 457107	0. 270007	4. 341760	5. 295834	4. 699162
5	− 75. 26428	0. 829511	0. 317850	4. 489751	5. 602837	4. 906720

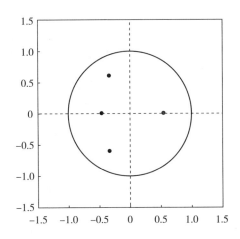

图 4.12　短期资本净流入的 VAR（2）平稳性检验

（4）托宾税对汇率稳定性的冲击

研究托宾税对汇率稳定性的冲击时，选取托宾税指数 TB 作为解释变量，名义汇率 ERT 为被解释变量。根据汇率决定理论及数据可获得性，选择巴西境内外利率之差 IRT（境内利率与国际市场利率之差）及国内生产总值 GDP 为控制变量。

表 4.11　　　　　　　　　VAR 模型滞后阶数选择（4）

Lag	LogL	LR	FPE	AIC	SC	HQ
0	101.0718	NA*	5.04e−05*	−4.220514*	−4.061502*	−4.160947*
1	103.2835	4.038693	5.45e−05	−4.142761	−3.824736	−4.023627
2	108.2341	8.609838	5.24e−05	−4.184093	−3.707057	−4.005393
3	109.0791	1.396055	6.03e−05	−4.046919	−3.410870	−3.808651
4	111.7885	4.240693	6.43e−05	−3.990803	−3.195741	−3.692968
5	112.3522	0.833408	7.54e−05	−3.841402	−2.887328	−3.484000

如表 4.11 所示，VAR 模型各参数显示滞后期为零，说明结果不显著，不能建立合理的 VAR 模型，进一步说明了托宾税对维持汇率稳定、消除货币升值预期无显著影响。

（5）托宾税对境内外利差的冲击

研究托宾税对境内外利差的冲击时，选取托宾税指数 TB 作为解释变量，境内外利差 IRT 为被解释变量，试图建立 VAR 模型。

表 4.12　　　　　　　　　VAR 模型滞后阶数选择（5）

Lag	LogL	LR	FPE	AIC	SC	HQ
0	37. 73987	NA *	0. 000791 *	− 1. 466951 *	− 1. 307938 *	− 1. 407384 *
1	38. 80706	1. 948792	0. 000899	− 1. 339438	− 1. 021413	− 1. 220304
2	44. 08595	9. 180669	0. 000852	− 1. 395041	− 0. 918004	− 1. 216340
3	44. 66384	0. 954778	0. 000993	− 1. 246254	− 0. 610205	− 1. 007986
4	45. 60196	1. 468356	0. 001142	− 1. 113128	− 0. 318067	− 0. 815294
5	48. 46510	4. 232479	0. 001213	− 1. 063700	− 0. 109626	− 0. 706298

如表 4.12 所示，VAR 模型各参数显示滞后期为零，说明结果不显著，不能建立合理的 VAR 模型，也进一步说明了托宾税对境内外利差无显著影响，不能起到增强巴西央行货币政策独立性的作用。

3. 脉冲响应分析

在 VAR 模型中，脉冲响应函数（IRF）是用于描述模型中变量的正交化新息[①]对其他变量的当前和未来值影响。它可以在保持其他变量冲击不变的情况下，反映一个变量对另一个变量的冲击反应。上一节中，研究托宾税对各个变量的冲击，在排除了两个不显著变量后，基于托宾税对跨境资本净流入、跨境长期资本净流入、跨境短期资本净流入分别确定了各自的滞后阶数，并建立了合理的 VAR 模型。本节将托宾税对跨境资本净流入的冲击作出分析。

（1）托宾税对跨境总资本净流入的脉冲分析。

如图 4.13 所示，给托宾税一标准差正向冲击，总资本净流入在第二期产生小幅负向冲击，但第三期随即又回到初始状态，此后冲击慢慢衰减，第五期影响接近消失。这说明托宾税对减少跨境总资本净流入的效果有限，第二期有微弱效果，且持续时间不长。这说明单一托宾税对总资本净流入效应不显著。

---

① 新息，VAR 模型术语，就是冲击（shock）的意思。

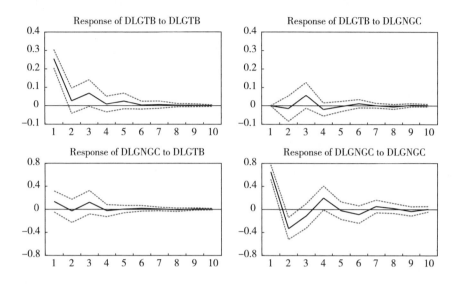

图 4.13　总资本净流入对托宾税的脉冲响应

注："D"代表一阶差分，"LG"代表取对数，"Response of"后面变量为冲击变量，"to"之后为响应变量，以下同。脉冲响应的三条曲线中最上面的曲线与最下面的曲线为置信区间。

（2）托宾税对跨境资本短期资本净流入的脉冲响应。

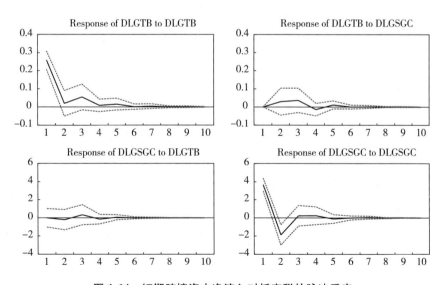

图 4.14　短期跨境资本净流入对托宾税的脉冲反应

将跨境总资本净流入按期限与结构分为短期跨境资本净流入与长期跨境资本净流入更为合理。如图4.14所示，给托宾税一标准差正向冲击，短期跨境资本净流入在第二期产生小幅负向冲击，第三期时正向弹回，第四期又出现负向冲击，并在第五期后逐渐衰减至零。这从某种程度上说明短期资本净流入对托宾税的反应敏感程度要强于总资本净流入，但是冲击的作用时间很短，此次托宾税实践对减少短期资本净流入效应不大。托宾税并没有对短期投机行为起到针对性抑制作用。

（3）托宾税对跨境长期资本净流入的脉冲响应。

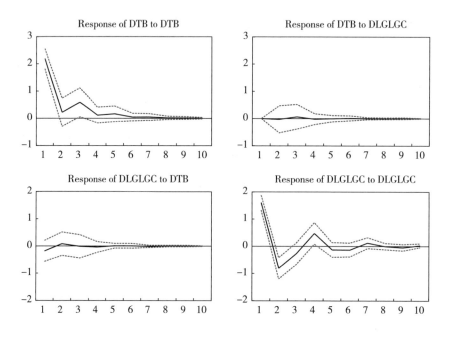

图4.15　长期资本净流入对托宾税的脉冲响应

如图4.15所示，给托宾税一标准差正向冲击，长期跨境资本净流入在第二期表现为微弱正向冲击，但从第三期开始冲击随即衰减至零。这说明征收托宾税并没有优化巴西跨境资本流入期限结构。然而同样可以看出，征收托宾税也没有抑制以直接投资为主的长期资本跨境流入，也就是说托宾税增加的交易成本与牺牲的流动性对于进入巴西的外商直接投资没有阻碍。

4.5.3　实证分析结果和解释

应用 VAR 模型，对 2008—2013 年巴西托宾税实践对跨境资本流动管理的有效性作出检验，可以得出以下结论。

第一，巴西第二次托宾税实践对减少跨境资本净流入的效应不大，同样没有有效证据表明此次托宾税能够显著抑制短期投机资本流入。巴西此次托宾税并没有起到改善跨境资本流入结构的作用，没有将一部分短期资本引向长期资本投资。同时，此次征收托宾税并没有阻拦有利于经济发展的长期资本流入。

第二，托宾税并不能消除本币升值压力，没有证据表明征税对维持汇率稳定性有积极作用。

第三，托宾税对巴西境内外利差无冲击作用，即不能起到增强货币政策独立性的作用。

总体来说，巴西此次单一的托宾税工具不能达到当局跨境资本流动管理预期目标，巴西这段时间跨境资本流入状况改善、汇率稳定得益于其他经济政策的配合和国际形势的改变。

实证结果表明，单一的托宾税作用往往存在局限性，这是因为：首先，在国际金融市场上，资本日交易异常活跃、流速瞬息万变，政策的出台至实施再到见效存在一定的时滞，不能迅速反映市场的动态变化，易出现"动态规则不一致"；其次，在巴西的托宾税实践中，对征税资产范围没有进行较为具体的分类，也没有实施类似于个人所得税的"累进税率"，征税规则较为简单，不能体现托宾税对短期大规模投机资金流入的惩罚性作用；最后，巴西此次托宾税历时五年，虽然在此期间进行过多次税率和征税资产范围的温和调整，但是投资者已形成对征税规则的"适应性预期"，所谓"上有政策，下有对策"，投机者可以通过金融衍生交易、转移资产等方法进行避税。

上述原因使得托宾税政策实施时间越长，作用效果越不明显，并且在长期内还会带来资产价格的扭曲与资源配置的低效。

4.6 经验总结

他山之石，可以攻玉。通过比较巴西、智利和韩国的托宾税实践，可以发现不同国家的实践既有共同点，同时也存在着较大的异质性，这几个国家应用托宾税进行跨境资本流动管理的做法为中国提供了重要启示。

第一，征税目标皆有异同之处。巴西和智利征收托宾税均是为了应对短期跨境资本的大规模流入和解决国际收支顺差日益扩大的问题，而韩国则是为应对国际资本的大规模流出。对于巴西和智利而言，实施托宾税前均面临经济过热引起的高通胀和居高不下的失业率问题，因此，两国均把调节内部经济平衡放在首位，制定的托宾税政策框架较为长远和具体。韩国采取边征税边监测的做法，使用托宾税工具较为简单，具有很强的临时性。

第二，无论采取哪种托宾税工具，各国实践产生的经济效应相似。无论是金融交易税、无息准备金、预扣税还是撤资税，都是"向飞速运转的车轮里掷一些沙子"，增加短期跨境资本的交易成本。巴西的金融交易税计税基础为各类跨境资本交易额，管制重点为资金流入方向，此举旨在减少跨境资金流入规模，增加短期资金的投机成本，增加长期投资比例。智利的无息准备金通过将一定比例的跨境资金无息放入中央银行，降低短期资金回报率，减少以投机为目的的跨境资金流入，起到改善资本流入期限结构的作用。韩国的预扣税重点管制资金的流出方向，增加短期外逃资金交易成本。马来西亚的撤资税也具有类似功效，限于篇幅，有关马来西亚的细节本书在这里略过。

第三，托宾税作为短期工具更为有效。巴西和智利的托宾税实践表明，托宾税只是短期资本管制工具，不宜长期使用，随着时间的推移，托宾税减少跨境资本流量的效应会递减。长时间使用托宾税还会产生投资者回报递减的预期，不利于一国吸引长期资本投资。同样，韩国的决策者也把托宾税当作短期管控跨境资本流动的手段。

第四，成功的托宾税实践需要相应宏观经济政策配合。马来西亚和韩国的托宾税实践有效性不大，这很可能与其使用工具单一、没有考虑到政策间的交互效应和缺乏长期政策目标有关。巴西 2008—2013 年实施托宾税的同时还采取了对银行美元外汇征收头寸准备金、紧缩性财政政策。智利实施无息准备金期间当局建立了弹性汇率制和严格的宏观审慎框架。值得注意的是，两国实施托宾税都遵循灵活动态调整的原则，不断调整工具税率、征税资产范围和征税期限。

第五章　中国跨境资本流动
管理与金融开放

5.1　资本管制和资本账户可自由兑换的界定

按照 IMF 国际收支手册的规定，资本账户的可兑换涉及国际收支平衡表上的资本与金融账户（Capital and Financial Account），包括资本账户、金融账户，金融账户包括直接投资、证券投资、其他投资、官方储备。实际上目前讨论的资本账户自由化是指不包括官方储备的资本和金融项目下的其他项目的交易。

长期以来，对于资本账户自由化（Capital Account Liberalization）[①] 的内涵一直没有一个统一的表述。1996 年 12 月以后，中国实现了经常账户的可兑换，而且中国明确表明要把人民币资本账户的可兑换作为一项奋斗目标。如何实现这一目标，如何在加入世界贸易组织后实现资本账户的有效管理？于是，国内的学者开始逐步探讨这一术语的概念和内涵。刘光灿等（1998）把资本账户可兑换表述为是取消在接受《国际货币基金组织协定》第八条后仍存在的汇兑限制。李金声（1998）把资本账户可兑换表述为取消对资本流出、流入的汇兑限制。Quirk 和 Evans（1999）把这一概念定义为取消对跨国界资本交易的控制、征税和补贴。这一定义也是国际货币基金组织通常采用的定义。这一定义相对较为全面，既包括取消直接的资本管制措施，也包括取消间接的资本管制措施如征税和补贴。第一种定义实际上是一种"排除法"定义模式，政策上不具备操作性。第二种定义忽视了资本账户交易的特殊性，即忽视了资本账户的限制还包括了对交易本身的限制。第三种定义体现了资本管制对跨境

---

① 在本书中，资本账户的自由化和资本项目的可兑换含义是等价的。

资本流动的限制特征，也具体指出了取消的对象，具有一定的操作性。但是，定义中没有能够给出一个"度"的概念，即取消到哪一步算是该国实现了资本账户的自由化。目前被认为是实现了资本账户自由化的国家，比如 OECD 资本账户通则中的国家也是一定程度上实行资本管制。所以说，以取消管制定义很难判断实现资本账户自由化的标准和程度。该定义中同样对于各种资本管制措施"取消"到何种程度仍比较含糊。为了准确地定义资本账户自由化，以便在同一的概念下来展开讨论，本书还是从 IMF 出版的《汇率安排与汇兑限制年报》框架下来探讨这一问题。

从 1996 年起，国际货币基金组织开始按照 OECD 关于资本交易的分类框架中的资本账户交易管制状况来介绍资本账户管制的内涵。

（1）对资本和货币市场工具的管制，是指对在一级市场公开出售或私募或在二级市场上市买卖的管理。它包括对资本市场证券交易的管制（资本市场证券是指有参股性质的股票或其他证券，以及原始期限不超过一年的债券或其他证券）、对货币市场工具交易的管制（货币市场工具是指原始期限为一年或一年以下的证券，包括存款单和汇票等短期工具，还包括国库券及其他短期政府票据、银行承兑汇票、商业票据，同业存款和回购协议）和对集体投资类证券交易的管制（集体类投资证券是指股权证和登记证明或者投资者在某机构如共同基金、单位和投资信托等有集体投资利益的其他证明）。

（2）对衍生工具和其他交易工具的管制，是指对其他可转让工具以及未包括在以上各部分中的其他非证券化债权操作的管理。这些工具包括各种权利的操作、担保、金融期权和期货、其他金融债权的二级市场操作（如主权贷款、抵押贷款、商业信贷以及源于贷款、应收款和贴现贸易票据产生的可转让工具）、远期交易（包括外汇远期交易）、债券和其他债务证券掉期、信贷和贷款，以及其他掉期。

（3）对信贷业务的管制，是指对商业信贷（直接与国际货物贸易或服务贸易相关的操作）、金融信贷（指居民提供的商业信贷以外的信贷），以及担保、保证和备用融资工具的管理。

（4）对直接投资的管制，是指对为建立长期经济关系目的，由居民在国外或非居民在国内进行的投资的管理。它包括建立和扩建全资企业、附属公司或分支机构，以及获得新企业或已有企业的全部或部分所有权并对企业活动具有有效影响。

（5）对直接投资清盘的管制，是指对直接投资本金转移的管理。包括以上定义的直接投资的初始资本和资本利得。

（6）对不动产交易的管制，是指对获得与直接投资无关的不动产的管理。包括纯金融性质的不动产投资或为个人所用的不动产。

（7）对个人资本流动的管制，是指对由个人进行的、为给他人带来好处的转移的管理。包括涉及财产的交易，即给财产所有人带来利息收益的承诺（贷款、移民清偿其在原始国的债务），或对受益人的免费转移（如礼品和捐款、贷款、遗赠和遗产以及移民财产）。

（8）适用于商业银行和其他信贷机构的特殊条款，描述专门用于这类机构的规定，如货币。

（9）审慎性和外汇方面的管制，但这并不意味着有关措施的目的是限制资本流动。

（10）适用于机构投资者的特殊条款，描述针对机构投资人（如保险公司和养老基金）实行的管制。

（11）证券法规规定的其他限制性措施，是指通过这些法律对资本流动实施的其他规定，如对外国证券在本地证券市场上市的限制。

按照这种分类方法，IMF把资本账户细分为43项，目前工业化国家平均对其中4项有管制，发展中国家平均有16项。

按照IMF对资本管制的解释，对上述跨境资本流动的管制范围是非常广的，不同的国家可能有不同的管制措施。这些对资本流动的限制或者障碍广义上有两种形式："行政"（administrative）或者直接管制（direct controls）和"市场化"（market-based）或间接管制（indirect controls）。大多数情况下，在应对较大规模的资本流动情况下，资本管制总是与其他的政策措施并肩作战，而不是单枪匹马孤军作战。直接管制是指通过完全禁止、明显的数量限制或批准程序（规则导向的或者是随机选择的）来限制资本交易和/或与之相关的资金支付和转移，包括数量限制和汇兑限制，行政管制基本上是对相关跨境金融交易的数量进行限制，此类管制的共同特点是把行政责任施加给银行以控制资本流动；市场化的做法或者是间接管制即通过一些手段提高资本跨境流动的成本以打击特定资本流动。此类管制手段很多，包括明确的或者隐性的对跨境资本流动征税（比如托宾税），以及其他类似价格手段。依据它们的具体形式，市场化的管制手段仅仅是影响价格或者是给定交易的价格和规模。双重或多重的汇率制度是一种间接的管制措施，针对不同的交易实行不同的汇率。对跨境资本流动的明确的税收包括对外部金融交易强制征税，进而限制它们的吸引力，或者对居民持有的外国金融资产的收入或者是非居民持有的国内金融资产的收入征税，这样通过减少他们的回报率或者提高其投资成本来阻止投资。差别税率可以限制确定的交易形式或期限。该种纳税形式可以说是对跨境交易活动的限制。如果对国内和外部的资产或者是居民与非居民造成了歧视，该种税收就是一种歧视性税收。对跨境资本流动的间接税，无息的强制性准备金（non-interest-bearing compulsory reserve/deposit requiement，URR），也称为无息存款准备，是最常用的一种市场化的资本管制手段。在这种制度下，银行和非银行金融机构在经营本身的账户时要求在中央银行以零利率存入相当于外币流入或者净头寸一定比例的外币或本币。无息存款准备金通过使资本对国内的利率更加敏感来限制资本外流。无息存款准备金也可能是通过减少资本的有效收益来限制资本内流，可能也会采取差别的比率来限制特定的资本交易。其他的间接管制措施具有以价格和数量为基础的双重特点，并且包含了对不同交易类型和不同投资者的歧视。虽然这些措施可能会影响资本流动的规模和性质，但是，这些规定还是有时出于对国内货币管制的考虑或者是为谨慎起见。这些管制措施包括对商业银行外部头寸的规定，对长短期货币头寸或者是居民和非居民不对称敞口头寸实行差别限制，对海外借款有一定的信用等级要求。这不仅是严格意义上的规定，那些对特定交易的要求也用来监督或者是控制资本流动（如对衍生交易，针对非居民与贸易不相关的交易等）。总之，市场化的手段是指采取多重货币做法、歧视性税收、无息存款准备金要求或当局征收罚息等建立在价格基础上的措施，来影响资本交易及与之相关的资金支付和转移。

如果按照上述对资本管制形式的描述，实行资本账户的自由化，就是要尽可能取消上述限制。管涛（2001）认为，资本账户可兑换就是避免对跨国界的资本交易及与之相关的支付和转移的限制，避免实行歧视性的货币安排，避免对跨国资本交易征税或进行补贴。总而言之，所谓资本账户可兑换，就是在少数例外的情况下，取消对资本流动的直接和间接限制，取消对资本流动本身及与之相关的汇兑和转移限制。这一定义强调了取消目前对资本管制的限制，并把取消的对象具体化，这一点具有操作上的意义。对"少数例外"的强调说明了，资本账户的可兑换可能不是一国当局的终极目标，资本管制可能要服从一个更高级的目标。这一定义也具有工作定义的含义，提出了"避免对跨国资本交易征税或进行补贴"，表现出资本账户自由化的市场化取向特征。温建东（2001）认为资本账户可兑换是指对跨货币区的经常性交易收入、资本性交易及其相关的支付、转移、收入以及上述有关的兑换避免限制，取消歧视性税收和补贴以及单独汇率。这一定义虽然把实现资本账户自由化的内容描述得更加具体，但是如何界定跨货币区是比较困难的。胡晓炼（2002）指出，资本账户可兑换是指随着对跨境资本交易本身管制的取消，与资本交易相关的外汇（包括资金跨境转移及本外币兑换）管制也相应被取消。资本账户的可兑换与资本市场的开放是关系密切但并不等同的两个概念。从它们涵盖的范围上看，前者包括了国际收支平衡表上资本与金融项目下的多个子项目；后者主要指其中的证券投资，即证券市场的交易。从两者的实际内容上看，前者重点是本外币兑换，而后者主要是市场的准入。两者之间的紧密关系就在于资本市场开放在深度和广度上的加强，必须要求外汇管理作出调整，也就是从严格管制到逐步放松。印度资本账户自由化委员会将资本账户自由化定义为"以市场决定的汇率自由地进行国内金融资产和国外金融资产的转换。"① 国内外对资本账户

① 印度资本账户兑换委员会，《关于印度资本账户可兑换的研究报告》，1997。

管制和开放的定义不一致，除了对这一概念理解的差别之外，还说明了放松资本账户管制和开放的复杂性，资本账户自由化没有一个统一的标志和终结点。本书认为资本账户自由化是一国出于实现对外开放和宏观经济稳定的需要，从而减少对居民和非居民之间的资本交易活动因货币不同而受到限制的过程。

5.2　中国资本管制的框架及特点

从资本管制演进的进程来看，在 20 世纪 70 年代以前，外汇和外币被当作同一个概念，经常账户对两者也没有区分，外汇管理的对象是按照贸易项目和非贸易项目的分类来进行的。这种管理的特点主要是由于该阶段的资本项下的交易额非常低，当时只有对苏联和波兰的少量外债。资本账户下的交易几乎是空白区。1978 年以来，随着改革开放的不断深入，我国利用外资水平得到了迅速发展。1979—1982 年，协议利用外资金额为 205.5 亿美元，实际利用外资金额共计 124.6 亿美元。我国从 1982 年开始正式编制和公布国际收支平衡表，因此，从 1982 年开始，可以从国际收支平衡表观察经常账户和资本账户的变化。20 世纪 80 年代中期，我国利用外资进入了持续发展阶段。1986 年利用外资的协议金额和实际金额分别比 1983 年增长了 242.2% 和 266.4%，年平均增幅达 50.7% 和 54.2%，[①] 从此以后，国际收支平衡表上资本账户的收支逐步受到关注，对资本账户的管理也就逐步地被提到议事日程上来。20 世纪 90 年代我国利用外资取得了突飞猛进的发展，我国利用外资进入发展最快的时期，外商直接投资成为主导方式。实际上，从 1996 年经常账户实现可自由兑换后，对资本账户的管理才明确地被提出来，资本账户的管理在 1998 年才真正地独立出来。

5.2.1　中国资本管制的总体框架

按照国际货币基金组织在《汇率安排与汇兑限制年报》划分的资本

---

① 这一期间利用外资以对外借款为主，外商直接投资仅占全部实际利用外资的 22.9%。

账户 43 项 7 大类来看，中国的资本管制框架如表 5.1 所示。

表 5.1 　　　　　　　　　　中国资本账户可兑换框架

账户	可兑换	有较少限制	有较多限制	严格限制
一、资本和货币市场工具				
1. 资本市场证券交易				
A. 买卖股票或有参股性质的其他证券				
非居民在境内购买			√	
非居民在境内出售或发行			√	
居民在境外购买			√	
居民在境外出售或发行			√	
B. 债券和其他债务性证券				
非居民境内购买			√	
非居民境内出售和发行			√	
居民境外购买			√	
居民境外出售和发行			√	
2. 货币市场工具				
非居民在境内购买				√
非居民在境内出售或发行				√
居民在境外购买		√		
居民在境外出售或发行		√		
3. 集体投资类证券				
非居民在境内购买			√	
非居民在境内出售和发行			√	
居民在境外购买			√	
居民在境外出售和发行			√	
二、对衍生工具和其他工具的管制				
非居民在境内购买				√
非居民在境内出售和发行				√
居民在境外购买			√	
居民在境外出售和发行			√	
三、对信贷业务的管制				
1. 商业信贷				

账户	可兑换	有较少限制	有较多限制	严格限制
居民向非居民提供	√			
非居民向居民提供	√			
2. 金融信贷				
居民向非居民提供		√		
非居民向居民提供		√		
3. 担保、保证和备用融资便利				
居民向非居民提供		√		
非居民向居民提供		√		
四、对直接投资的管制				
1. 对外直接投资				
A. 创建或拓展完全由自己拥有的企业、子公司，或全额收购现有企业		√		
B. 对新建或现有企业的入股		√		
2. 对内直接投资				
A. 创建或拓展完全由自己拥有的企业、子公司，或全额收购现有企业	√			
B. 对新建或现有企业的入股	√			
五、对直接投资清盘的管制	√			
六、对不动产交易的管制				
居民在境外购买			√	
非居民在境内购买		√		
非居民在境内出售		√		
七、对个人资本流动的管制				
1. 贷款				
居民向非居民提供				√
非居民向居民提供				√
2. 礼品、捐赠、遗赠和遗产				
居民向非居民提供			√	
非居民向居民提供	√			
3. 外国移民在境外的债务结算			√	

续表

账户	可兑换	有较少限制	有较多限制	严格限制
4. 资产的转移				
移民向国外的转移			√	
移民向国内的转移	√			
5. 博彩和中奖收入的转移		√		
6. 非居民员工的储蓄	√			
合计项数	8	11	18	6
比重（%）	18.6	25.6	41.9	13.9

资料来源：中国国家外汇管理局，国际货币基金组织《汇率安排与汇兑限制年报》。

　　具体来看，现阶段中国资本账户管理的主要内容包括：对外借债、对外直接投资和债券投资。中国资本账户外汇收支管理的基本原则是在取消经常账户汇兑限制的同时，完善资本账户管理，逐步创造条件，有序地推进人民币在资本账户下的可兑换。

　　1. 对外债和对外担保的管理

　　新中国成立之初，中国奉行"自力更生为主，争取外援为辅"的方针，仅在20世纪50年代向苏联借过卢布。在60年代，中国在清偿全部贷款后的较长时期内处于"既无内债，也无外债"的状态。改革开放以后，中国转变了外债管理思路，充分发挥外债在国民经济发展中的作用，逐步形成了中国特色的对外管理体制。

　　中国外债管理的原则是20世纪80年代颁布的《中华人民共和国外汇管理暂行条例》和《外债统计监测暂行规定》等法规。中国外债管理体制的主要特点是在国务院领导下的，多部门联合管理，对外债实行规模控制，对中长期外债按发生额管理，对短期外债按余额管理。外债管理的思路和重点随着中国改革和对外开放的变化而调整。在加入世界贸易组织前，中国对中资机构（政府组织、银行和企业）和外资机构进行双轨管理，即中资机构借外债有严格的额度控制，而外商投资企业不受外债计划控制，外资金融机构对外借款不纳入外债统计。加入世界贸易组织后，以2003年《外债管理暂行办法》的颁布为标志，中国的外债管理特点主要体现在三个方面：首先，建立了外债管理上的"国民待遇"

原则。改变中资机构和外资机构外债管理的双轨制，外商投资企业外债按照投资额和注册资本金的差额进行控制，统一境内中资银行和外资银行的外债与外汇贷款政策，境内外资银行外债纳入外债规模管理。其次，外债统计口径国际化，即按照居民/非居民原则，调整外债统计体系，境内外资金融机构外债纳入外债统计，剔除其发放的境内外汇贷款。将中资银行境外存款、3个月内的贸易融资纳入外债，将一年内到期的中长期外债计入短期外债；此外，在短期外债管理方面，将预收货款、延期付汇等贸易信贷纳入余额管理，严格管理金融机构短期外债指标，加强对外资企业外债的真实性审核。最后，不断改进和优化业务流程，为经济主体办理外债业务。

中国外债管理实行联合监管模式。从20世纪80年代起，我国建立了由国务院领导下的跨部门合作监管的外债监管模式。其中，发展改革委负责长期外债指标，外汇局负责核定金融机构、中资企业的短期外债以及外汇汇兑和进行统计，财政部负责主权债，商务部负责核定外资企业投资总额和注册资本，这相当于确定外资企业的上限（见表5.2）。

表5.2　　　　　　　　　　　中国现行的外债管理模式

部门	管理职能	债务人类型
发展改革委	确定外债总规模、金融机构和中资企业的中长期外债，批准外商投资企业立项和可行性研究报告	中外资金融机构和中外资企业
外汇局	金融机构和中资企业短期外债，全口径外债的汇兑和统计	境内各类债权人
商务部	批准外商投资企业的合同和章程	外商投资企业
财政部	主权债的签约和使用（国际金融组织、外国政府贷款、主权债券等）	主权外债的转贷机构及最终用款人

资料来源：根据《外债管理暂行办法》和外汇管理局等发布的资料整理。

对外发债（包括对外发行的货币可转换债券、大额可转换债券、大额可转让存单、商业票据）实行资格审核批准制。除财政部外，境内机构对外发债的资格，由国家发展改革委同人民银行等部门每两年评审一次，报国务院批准。若具备了该资格的机构发债，经国家计划委员会（现已更名为国家发展和改革委员会）审核并会签国家外汇管理局后报国务院审批。经批准的发债的市场选择、入市时机等有关发债条件由国家外汇管理局审批。地方政府不得对外举债。境内机构发行商业票据由国家外汇管理局审批，并占用其短期贷款指标。已上市的外资股份公司对外发行的可转换债券，不实行资格审批制，在年度发行规模内，按境内机构对外发债的审批程序办理。

对外担保属于或有债务，其管理比照外债管理，仅限于经批准有权经营对外担保业务的金融机构（不含外资金融机构）和具有代位清偿能力的非金融企业法人可以提供。除经国务院批准为使用外国政府贷款或者是国际金融组织进行转贷外，国家机关和事业单位不得对外提供担保。境内机构提供对外担保需外汇管理局逐笔审批。对外担保也需向外汇管理局登记，履行对外担保义务时须经外汇管理局核准。

2. 对外商直接投资（FDI）的管理

为鼓励外商直接投资，中国对外商投资企业资本账户下的外汇收支活动采取比较灵活的管理办法。外商投资企业外方投资资本金可以开立外汇账户保留外汇，经外汇管理局批准后可以结汇；外商投资企业可以直接向境内外银行借款，自借自还，事先不须报批，事后需要到外汇管理局登记，但是，中长期对外借款余额不得超过外商投资企业总投资与注册资本的差额；外商投资企业中的外国投资者依法停业后分得的外汇资金，经批准后可以从其外汇账户中汇出或者到银行兑付；为进行监督管理，对外商投资企业实行外汇登记和年检制度；允许外商投资企业用获得的人民币的利润进行再投资，享受外汇投资待遇。所以，目前对外商投资企业的汇兑限制很少，外商直接投资可以自由流入。但是对外商直接投资则需要一系列程序主要是对产业政策上的指导①。

20 世纪 80 年代以后，国内一些企业开始向港澳地区和外国投资。我国对资本输出实行严格管理，实行了事前审查和事后监督相结合的管理制度。境内机构对外直接投资需要经有关部门审批，外汇管理部门负责其资格审查、外汇来源和投资风险审核。为贯彻"走出去"的发展战略，

---

① 中国加入世界贸易组织后，以上所有对外商直接投资的限制都被取消，但仍然受产业政策指导。

我国境外投资的管理进一步规范化,有关境外投资的政策法规也进一步完善。目前我国境外投资外汇管理政策体系呈现如下特点:既强调简化程序、增进便利,又强调事后监管,加强统计监测分析;既强调"走出去"前期的政策支持,又强调"走出去"之后的政策保障;既强调满足"走出去"的合理用汇需求,又强调促进企业在当地发展壮大,防止恶意资本外逃。

3. 对证券投资的管理

允许外国投资者在境内购买 B 股,以及中国在境外上市的 H 股、B 股等外币股票和境外发行的外币债券,但限制其在境内购买 A 股、债券和货币市场工具。同时,限制居民到境外购买、出售和发行资本及货币市场工具。

5.2.2　放松资本管制的进程安排

按照渐进主义的开放模式,中国放松资本管制的进程根据国际货币基金组织的分类法进行了如下安排,如表 5.3 所示。

表 5.3　　　　　　　　　　中国资本账户开放的进程安排

类别	账户分类	进程安排
一	资本和货币市场工具	5～7 年成为较多限制类项目
二	对衍生工具和其他工具的管制	7～10 年成为较多限制类项目
三	对信贷业务的管制	3～5 年放开居民向非居民提供贷款
四	对直接投资的管制	从现在起逐步放开居民向非居民投资
五	对直接投资清盘的管制	7～10 年居民对外投资清盘成为较多限制类项目
六	对不动产交易的管制	5～7 年居民境外购买成为较多限制类项目
七	对个人资本流动的管制	5～7 年居民境外购买成为较多限制类项目

资料来源:李瑶. 人民币资本项目可兑换研究[M]. 北京:社会科学文献出版社,2004:232.

经上述分析可以看出,人民币在资本项下是不可兑换的,但确切地说,现阶段应该是"有严格限制的资本项目可兑换"。从中国资本管制的演进历程和目前的制度性框架来看,中国资本账户管理具有如下的特征。

5.2.3 中国资本管制的主要特点

中国资本账户管理的特点可以从管理模式、管理对象、管理手段、管理部门等多角度考察。

1. 渐进式的资本账户可兑换

从中国资本账户可兑换的进程来看，中国实行的是典型的渐进式的资本账户可兑换，遵循了先流入后流出，先长期资本，后短期资本，先直接投资，后证券投资的开放顺序。而且，交易的自由化先于汇兑的自由化。这种可兑换安排，使中国在对外开放过程中能够趋利避害，规避了短期资本流动的冲击，保持了国家宏观经济政策的独立性，促进了外汇收支状况的改善。IMF 认为，中国谨慎的资本账户自由化政策是中国顺利地渡过亚洲金融危机冲击的一个重要原因。

2. 机构重叠、多窗口管理

中国资本账户的管理具有多头管理的特点。涉及中国人民银行、财政部、国家发展改革委、商务部、证监会、海关、税务、农业部、教育部、中国银行等多部门。这些部门的职权相互交叉，相互之间的协调效率较低。

根据窗口对外原则，商务部管理政府间贷款和"三资企业"合同的审批。财政部负责世界银行贷款和国家统借统还部分贷款；中国人民银行负责国际货币基金组织、亚洲开发银行和非洲开发银行等贷款，及向国外发行债券。农业部和教育部分别负责国际农业发展基金贷款和联合国教科文组织的贷款。中国银行负责商业贷款。国家发展改革委负责借用外债的规模、基建计划和项目的审批。多头的管理，管理职能的交叉和重叠极大地影响了资本账户管理的效率。这种多窗口管理的局面已经持续了多年，而且这种管理模式使中国人民银行对资本账户的宏观管理缺乏有效性，对信息的传递、反馈和有效决策造成了一定的障碍，往往出现"说不清、管不住、服务不到位、审批时间长"的情况，影响了资本账户的管理效果。

3. 难以区分经常账户和资本账户，造成行为异化

现有的框架是实行经常账户可兑换而对资本账户实行较为严格的管制。实际上，人民币经常账户可兑换的维持，必须保证能够区分经常账户和资本账户。从国际收支的角度来看，大部分的国际收支交易同时具备了经常账户交易和资本账户交易的特征，客观上造成难以对经常账户和资本账户进行有效区分，部分资本账户资金混入经常账户逃避管制。在经常账户可兑换，严格区分经常账户和资本账户的管理思想下，理性经济代理人趋利避害的本性必然会导致大量的资本账户交易混入经常账户交易的情况。在现有框架下，区分经常账户和资本账户更加困难，而且这一体制成为资本外逃的一个途径，资本账户管理难度加大。由于中国部分资本账户实际已经放开，资本本身具有可替代性，对一种工具进行控制而对另一种工具不进行控制就会导致资金流向未受控制的工具，容易出现资本账户监管真空或漏洞，导致资本管制有效性降低。

4. 管制的不对称：宽进严出

中国目前的资本账户管理具有明显的宽进严出的特点。对资本流入和外国人持有资本的管制比资本流出和国内居民持有资本的管制要松得多。吸引外资成为中国对外开放政策的重要组成部分。长期以来注重出口创汇、吸引外商直接投资、借用外债等，以外汇资源的流入为主，因此对外资流入采取了宽松的政策，中国已经成为世界上引入外资规模最大的发展中国家，第二大直接投资的引入国。但是，对资本流出（居民向非居民的对外投资）却持相当谨慎的态度，管制较为严格。2007年为鼓励境内企业对外直接投资，中国银行首次推出合格的境内机构投资者（Qualified Foreign Institutional Investors，QDII）产品，以推进合格企业对外直接投资，以此来促进"双向资本流动"。

5. 短期资本管理缺位

我国对资本账户的管理主要集中在对外借贷和证券投资的管理，外债实行计划审批。我国资本账户的管理还存在一些盲区，尤其是短期资本的管理缺位，具体表现在以下方面：外商投资企业借入外债不受限制；三个月内短期贸易融资不需要审批；外商直接投资和经真实性审核后的

投资利润汇出，外国母公司、附属或关联企业对国内外商投资企业贷款，外国母公司、附属或者关联企业与国内外商投资企业之间的其他资金往来基本没有限制；对中国境外投资虽然实行审批，但是事后的监管乏力，实际上管理不严；对境外企业对国内母公司或附属相关企业的贷款、与国内母公司的资金往来、在国外投资的利润汇回管理不严。加入世界贸易组织后，中国企业同样得到缔约方的国民待遇，境外投资在规模上出现迅速的增长，对境外投资的有效监管成为目前外汇管理的重要问题。对境外证券投资没有严格限制，而且目前法规没有区分直接投资和证券投资。对国外贷款、存放国外存款等国内和外资金融机构的资金流动没有严格的规定。金融机构的头寸调拨是证券投资中占较大比例的项目。从 1998 年的国际收支平衡表来看，单是金融机构短期资金头寸所造成的证券投资逆差就高达 30 多亿美元（吴晓灵，2002）。另外，对土地批租、租赁收入管理不严；与贸易有关的一些资本账户的管理不够严格。由此，我国现行的资本账户管理亟须完善，短期资本管理的缺位是不容忽视的重要问题。

虽然我国在不断放松经常账户外汇管制的同时，一再强调对资本账户实施严格的管理，不过管理政策的松紧不同或者由于有的管理手段缺乏力度，已经造成了事实上的部分资本账户可兑换。

总之，可以说中国资本账户自由化采用的是渐进模式。汇兑管制的宽严程度是根据开放风险的差别和对国内经济带来收益的不同而确定的差别开放政策，表现为有严有松、宽严结合。对开放风险度较大的证券投资、对外借贷款等实行较为严格的管制，对风险度较小的外商直接投资等则实行相对宽松的管理；对于能够促进技术转移、产业升级的产业资本交易先行开放，对于注重短期利益、以获取交易收益为目的的金融资本交易放缓开放，实行严格控制；对于长期性的资本交易优先开放，而对于短期流动性的交易则控制较严；对于资本流入的交易采取鼓励政策，而对于资本流出的交易则控制较严。在管理手段上，主要以行政管理手段为主，载体是法律、政策、条例，在过程管理上表现为事前、事中、事后管制，以价格为基础的市场化管理手段应用较少。在管理格局上，表现为多部门管理，缺少核心的单一的风险控制中心，没有形成系统化的风险控制机制。因此，中国资本账户可兑换过程的上述特征使资本管制的效率和效果呈现出突出特点。

中国资本账户开放进程是一项系统工程，它与一国国内的金融自由化程度紧密联系，任何一个国家在开放资本账户时都采取非常谨慎的态度。中国没有开放资本账户的时间表，对开放的边界也是不明确的。1997 年亚洲金融危机和 2001 年中国加入世界贸易组织成为影响中国资本账户开放进程的重要因素，对中国整体外汇管理体制和外汇市场发展产生了较大的影响。2008 年后，国际金融危机的爆发给中国的跨境资本管理带来新的冲击，中国不得不再一次全面考虑跨境资本管理的有效性。

5.3　资本管制有效性

通常而言，实现资本账户可兑换需要满足一定的经济基础，并借鉴相应的国际经验。国际上，他国完成经常账户可兑换到资本账户可兑换一般历经 5 ~ 7 年。资本账户开放通常需要具备以下条件：浮动汇率制度、强大的外部需求、成熟的金融市场、金融自由化和市场化，以及充足的外汇储备。由于 1990 年末出口部门还尚未成为中国经济增长的主力，外汇储备尚未充足，汇率市场化改革和利率市场化改革远未完成，再加上亚洲金融风暴的冲击，中国资本账户自由化进程放缓，中国金融改革和金融开放的步伐主要考虑经常账户，并尽量控制资本账户开放的风险。

5.3.1　克服资本外逃风险仍是难题

中国曾经历两次比较严重的资本外逃，导火索分别是 1997 年亚洲金融危机和 2008 年国际金融危机。2015 年"8·11"汇改后的资本外逃再次警示中国必须要完善跨境资本流动管理体制。宋文兵（1999）的研究显示，得益于严格的资本管制，中国在 1997 年东南亚金融危机中损失较小。中国资本管制工具以行政型和数量型管制工具为主，如外汇限额、QFII（Qualified Foreign Institutional Investors，合格的境外机构投资者，简称 QFII）和 QDII 等。进入 21 世纪以来，为应对不规则资本流动，中国陆续出台多项跨境资本流动管理政策（见表5.4）。

表5.4　　　　　　　　　　中国跨境资本流动管理政策演进

时间	政策管理目标	具体措施
2004年中	针对短期资本流入端管理	从外国银行借入短期贷款受外汇管理局额度限制，中期贷款受发展改革委事先审批
2007年2月	鼓励境内企业对外直接投资	中国银行推出首款QDII产品
2007年3月	管理短期资金流入	外汇管理局收紧国内银行间短期贷款额度
2009年4月	适当开放资本市场，鼓励长期跨境资本进入	外汇管理局发布《合格境外机构投资者境内证券投资外汇管理规定》，对申请投资额度、资产安全性等方面进行规范
2011年初	管理短期跨境资本流入	外汇管理局收紧国内银行短期外币贷款
2011年8月	进一步开放资本市场	允许人民币境外合格机构投资者（RQFII）放松投资境内证券市场，起步金额为200亿元
2012年4月	鼓励境外长期投资进入	规定新增QFII投资额度500亿美元，将养老基金、保险资金、共同基金等长期资金锁定期降低至3个月
2013年1月	进一步开放资本市场，并开放股指期货，但限制杠杆	首批QFII获准参与股指期货交易，但仅限于从事套期保值
2013年5月	控制短期投机资金流入	对外币存贷比超过75%的银行进行处罚
2015年9月	控制银行涉外业务风险	对银行远期售汇业务做出风险准备金规定
2016年	控制资本外流趋势，适当放松境外资金流入	发展改革委取消对期限一年以上国企境外外币贷款和本外币债券发行的额度限制
2017年7月	监测跨境投机资本动向	出台《金融机构大额交易和可疑交易报告管理办法》
2018年初	促进贸易投资便利化	发布《中国人民银行关于进一步完善人民币跨境业务政策促进贸易投资便利化的通知》（银发〔2018〕3号）

资料来源：作者根据葛奇（2017）等研究整理。

　　通过梳理中国跨境资本流动管理的相关政策，我们可以发现：第一，21世纪以来中国始终坚持渐进审慎开放资本账户的原则；第二，中国的跨境资本流动管理手段以行政型和数量型资本管制工具为主，宏观审慎政策工具涉及较少；第三，中国能够密切监视跨境资本流向规模，并较快作出政策调整；第四，中国跨境资本流动管理从以前的"宽进严出"转变为越来越趋向于对称的双向管理。

5.3.2　跨境资本管理面临"两难"选择

2015 年 10 月，中国"十三五"规划建议中明确提出"扩大金融业双向开放，有序实现人民币资本账户可兑换，推动人民币加入特别提款权，成为可兑换、自由使用的货币"。2016 年 10 月 1 日，人民币正式加入SDR 货币篮子，成为第三大权重货币。然而，自人民币经常账户可兑换二十年来，资本账户可兑换的时机和更详细的路线方案依旧悬而未决。

当前，中国跨境资本流动管理面临"两难"选择。第一大难题是资本账户开放难以很快推进。尽管经济学理论和研究表明，资本账户自由化有助于纠正市场扭曲，在全球范围内实现资源的优化配置；有助于减轻金融抑制，使企业部门和居民部门在全球范围内配置优质资产，提高投资回报率；有助于推进金融市场深化，缓解中小企业融资约束。但是，金融体系脆弱同时过早开放资本账户的新兴经济体都曾遭遇严重的货币危机和金融危机，国民经济一度陷入瘫痪，比如墨西哥、智利、印度尼西亚、马来西亚等国。同时，没有直接证据表明资本账户开放与经济增长存在显著的正相关性。

根据余永定、张明和张斌（2013）、林毅夫（2014）的研究，结合中国国情，发现过早开放资本账户至少存在以下风险：第一，中国潜在经济增速下降，经济增长进入新常态，金融风险快速显性化，而欧美等发达经济体正处于货币政策正常化的初期阶段，在此时放开资本管制会加剧资本外逃的风险；第二，在未完成汇率改革和利率市场化改革前推进资本账户自由化和人民币国际化，会加剧在岸和离岸市场的套利套汇行为，消耗大量外汇储备；第三，短期投机资本通常会进入流动性较强的房地产市场和股票市场，造成金融市场泡沫或资产价格大起大落。

事实上，依据 IMF 发布的《汇率安排与汇兑限制年报》，中国资本账户 40 个子项目中，14 项实现基本可兑换，主要集中在直接投资与信贷工具交易方面；22 项实现部分可兑换，主要集中在资本市场交易和个人资产交易方面；完全不可兑换的只有 4 项，主要集中在非居民的货币市场交易和衍生品交易方面。可见，合规的对外直接投资项目和外商直接投资项目的管制已经放开，因此，确切地说，中国跨境资本管理的难题集中在对短期资本项该如何管理、该不该放开、何时放开等方面。

中国跨境资本流动管理面临的第二大难题是传统的行政型和数量型资本管制有效性的持续下降。何德旭等（2006）、陈雨露和王玉（2007）用储蓄—投资相关法证明中国当前资本管制有效性显著下降。此外，一个有力的证据即中国自 2014 年第二季度以来资本与金融项目出现持续的逆差，同时误差与净遗漏项差值显著增加，而央行和外汇管理局在此期间收紧了外汇管制，但仍未遏制资本流出的趋势；2017 年 5 月以来，央行引入了汇率调节的逆周期因子，再加上美元指数的走弱，中国资本外流得以遏制，然而 11 月以来，资本与金融项目又呈现连续的净流出。[①]这些事实表明，寻找管理短期资本流动的有效工具、提高资本管制效果迫在眉睫。

5.4 新阶段金融开放的路径

十八届三中全会提出了构建开放型经济新体制。适应经济全球化新形势，必须推动对内对外开放相互促进、引进来和走出去更好结合，促进国际国内要素有序自由流动、资源高效配置、市场深度融合，加快培育参与和引领国际经济合作竞争新优势，以开放促改革。中国金融开放的进程包括重要的几个节点，1997 年亚洲金融危机爆发，2001 年加入世界贸易组织，2008 年全球金融危机爆发。

5.4.1 亚洲金融危机后金融改革的进展

1997 年，亚洲金融危机爆发，在危机期间，世界著名媒体和学者曾预期，中国可能会成为下一个被传染的国家，因为当时中国宏观经济的

---

① 根据国家外汇管理局的数据，网址：http://www.safe.gov.cn/。

基本面比危机国家还要差，中国同样存在着金融脆弱的问题。但是，中国经济发展和宏观经济运行一直保持稳定。中国之所以能够抵御金融危机，一方面是得益于宏观经济调节手段，另一方面是推进了金融改革，加强了金融监管。

1997 年 11 月，我国召开了新中国成立以来规格最高的全国金融工作会议。会议提出我国金融改革的目标是，利用 3 年左右的时间，大体建立适应社会主义市场经济体制需要的现代金融体系、金融制度和良好的金融秩序，拉开了我国新一轮金融改革的序幕，一系列的重大措施相继出台。

5.4.1.1　改革和完善金融宏观调控方式和手段，推进审慎管理

中国人民银行在采取了一系列促进内需的货币政策的同时，不失时机地对货币政策调控方式和调控手段进行改革，积极推进审慎管理。

1. 取消贷款限额控制

1998 年取消对国有商业银行的贷款限额控制，改变信贷指令性计划为指导性计划，实现货币信贷总量由直接控制向间接调控的转变。

2. 改革准备金制度

自 1998 年 3 月 21 日起，将各金融机构法定存款准备金账户和备付金账户合并为存款准备金账户，存款准备金率由 13% 下降到 8%，恢复了存款准备金的支付清算功能，增加商业银行信贷资金的供给能力。

3. 多次下调利率，推进利率的市场化改革

1996 年 6 月以来，连续 7 次降息，中央银行在下调利率的同时，推进利率的市场化改革，主要扩大人民币贷款利率的浮动幅度和范围，改善对中小企业的金融服务，并且从 2000 年 9 月 21 日起改革外币利率管理体制。

4. 及时制定信贷政策，促进经济结构的调整

1998 年以来，中国人民银行先后发布了一系列指导意见和管理办法，积极支持商业银行提供消费信贷、中小企业和高新技术贷款、农业贷款和股票质押贷款。

5. 中央银行增加了公开市场业务的操作

在公开市场业务方面，增加交易的品种，积极推进政策性金融债券

的市场化发行。

通过以上的改革措施，中国货币当局进一步完善了宏观金融调控机制，强化了货币政策调控的效果。

5.4.1.2 改革金融监管体制，强化金融监管

金融监管是防范和化解金融风险的一道防火墙。1998 年以来，为了加强金融监管，我国对金融监管体制进行了重大改革（李萱、李妍，2001）。

1. 确立了银行、保险、证券的分业经营、分业监管体制

由于我国的金融市场不够规范，银行间接融资在全国融资总量中占85% 以上，而且金融机构内部风险控制不能适应业务交叉经营的要求，金融监管当局尚缺乏经验。所以分业经营才是一个适宜的选择。在分业经营的基础上，建立了分业监管体制，中国人民银行不再承担证券业和保险业的监管职能，而是分别移交给证券监督管理委员会和保险监督管理委员会。[①]

2. 改革中国人民银行管理体制，按经济区域设立分支机构，充分发挥中央银行的监督职责

1998 年，中国人民银行撤销了中国人民银行省级分行，按经济区域设立 9 个跨省区分行。同时，中央银行对内部机构进行调整，使本外币监管从分到合，非现场监管与现场监管合并进行，中外资银行监管标准合一，监管标准逐步与国际惯例接轨，适应金融业发展的金融监管模式初步建立。

2000 年中央银行的监管逐步加强，防范和化解金融风险取得成效（戴相龙，2001），2000 年中央银行集中力量加强对国内银行的监督。同年 4 月到 8 月，人民币银行系统对被监管金融机构的贷款质量、盈亏等真实性进行了现场大检查，基本掌握了各金融机构的风险指数，也使人民银行监管业务水平得到提高；批准设立资产管理公司；收购国家银行不良贷款，协调和监管债转股工作；整顿中小金融机构，防范和化解金融

---

① 2018 年 4 月 8 日之后，中国银行业监督管理委员会与中国保险监督管理委员会合并，并更名为中国银行保险监督管理委员会。

风险取得成效；加强对地方政府专项借款的管理，化解了撤销金融机构后的支付风险，有利于维护社会稳定；进一步健全金融监管法规，依法处理违规行为。宏观经济环境的改善，金融机构的不断努力、金融监管的不断加强，促进了我国银行业的改革和进展。在 2000 年，我国的外汇管理进一步加强，金融对外开放不断扩大。在 2001 年，中央银行的工作重点依然是加强金融监管，并且督促国内银行提高经营管理水平，继续化解中小机构的风险，迎接世界贸易组织的挑战，提高金融机构的服务水平。

在加强对金融业监管的同时，我国开始大力推进商业银行改革、增强商业银行的竞争力。改革的主要内容包括：推进先进的管理制度和管理方法，精简机构和人员。发行特别国债补充商业银行的资本金；成立金融资产管理公司；收购和处置国有商业银行的不良资产；向国有重点金融机构派驻监事会，完善公司治理结构；积极推进股份制商业银行上市。

综上所述，从亚洲金融危机之后到中国加入世界贸易组织之前，中国金融体系改革的核心是加强金融监管，并推动商业银行的改革，提高商业银行的竞争力。政府暂缓了人民币资本账户可兑换的进程，对人民币可兑换开始持谨慎态度。中国加入世界贸易组织使中国重启人民币资本账户可兑换进程。

5.4.2 加入世界贸易组织之后的金融开放

2001 年 12 月 11 日，中国正式加入了世界贸易组织（WTO），中国必须遵守 WTO 规则，进一步多方位扩大开放，这标志着中国对外开放进入到了一个新的发展阶段。与此同时，在亚洲金融危机之后，一度沉寂下来的人民币资本账户兑换问题再次成为关注的焦点。

5.4.2.1 加入世界贸易组织与人民币经常账户可兑换

加入世界贸易组织不仅涉及关税减让问题，而且还涉及外汇管理的问题。1980 年 4 月 17 日和 5 月 5 日，中国在国际货币基金组织和世界银行的席位先后得到恢复。由于中国是发展中国家，处于经济体制改革阶段，外汇资金不足，中国一直是执行基金协定第十四条的成员国——为保障对外金融地位和国际收支平衡，对外汇管理实行过渡性安排，并逐步执行第八条义务，即实行单一汇率制度，取消对经常性国际交易的支付或资金转移的限制，实现本币的完全可兑换。

而关贸总协定（世界贸易组织的前身）在外汇管理方面与国际货币基金组织对其缔约方或成员国的要求是一致的。按照关贸总协定第十五条款的规定，缔约方全体应谋求与国际货币基金组织合作，以便在国际货币基金组织所主管的外汇问题和缔约方全体所主管的数量限制或其他贸易措施方面，缔约方全体与国际货币基金组织可以执行一个协调的政策。

因此，在中国递交复关申请后，关贸总协定有关缔约方要求中国加快外汇管理体制改革，尽早执行《国际货币基金组织协定》的第八条，尤其是在以下四个方面[1]。

第一，双重汇率问题。中国从1981年10月开办外汇调剂业务，1993年在中国，美元兑人民币的官方汇价为1:5.3，外汇调剂市场价为1:8.3，计划分配用汇汇率较低，市场调剂用汇汇率较高。缔约方认为双重汇率构成了对出口的鼓励和对进口的限制。

第二，进口用汇的审批和额度留成问题。认为中国对进口用汇实行严格审批，进入调剂市场购汇需要经过批准，因而是非关税壁垒。

第三，外汇市场分散、不统一、不规范问题。认为中国当时的18处外汇调剂公开市场价格不统一，与国际通行做法的差距很大。

第四，人民币的可兑换问题。认为中国应尽快取消对经常性国际交易的支付或资金转移的限制，在统一市场和统一汇率的基础上实现人民币的完全可兑换。

为了达到入关标准，中国开始着手进行外汇管理体制改革。1992年中国曾一度出现经济过热现象，通胀率达到两位数字，1993年中央开始整顿金融秩序，经济过热得以缓解，汇率得以稳定，为外汇管理方面的

---

[1] 详见《我曾亲历入世谈判》，北京青年报2002年11月6日。

改革和谈判创造了良好的环境。1993 年中国开始具有里程碑意义的外汇管理体制改革，形成了目前的外汇管理体制框架：人民币汇率有管理浮动，人民币实现在经常账户下可兑换。

所以，在人民币经常账户的可兑换方面，与加入世界贸易组织是密切相关的，或者说，1993 年具有里程碑意义的外汇管理体制改革主要是为了达到入世的标准。在加入世界贸易组织之前，中国对人民币资本账户的可兑换是非常乐观的，在人民币实现经常账户的可兑换后，中央银行曾乐观估计人民币可能在 5 年之内实现资本账户的可兑换。

5.4.2.2　加入世界贸易组织对人民币资本账户可兑换的影响

1997 年，中央银行的领导层曾经宣称，2000 年前中国要实现人民币资本账户可兑换的目标，这可能是中国领导层首次提出人民币实现自由兑换的时间表①。但是至今，人民币仍然没有实现资本账户的可兑换。虽然实现人民币完全可兑换是最终目标，但是中国一再强调中国将采取渐进的方式实现人民币资本账户的可兑换，而且没有时间表。

在人民币实现经常账户可兑换后，部分学者认为，加入世界贸易组织会加速人民币资本账户自由化的进程。但是，官方宣称，加入世界贸易组织与人民币资本账户可兑换无关，世界贸易组织并不要求一国取消资本管制，中国在加入世界贸易组织的谈判中没有作出人民币资本账户可兑换的承诺（戴相龙，2002；管涛，2002）。绝大多数世界贸易组织成员都对跨境资本流动实行限制。由于世界贸易组织的成员大都是国际货币基金组织的成员，所以从后者资本管制的情况可以了解世界贸易组织成员资本管制的情况。据国际货币基金组织统计，目前 70% 以上的成员对直接投资、不动产交易和资本市场证券交易都有不同程度的限制。并且，自亚洲金融危机以来，全球资本账户的管理更加趋于谨慎。

同时，部分学者认为，中国应该积极做好开放资本账户的准备。华民（2001）建议，中国开放资本账户不仅是国际融资的需要，而且是加入世界贸易组织后采取更灵活的汇率政策，进行国际收支调节的需要。

---

① Groombridge M A. Capital Account Liberalization in China: Prospects, Prerequisites, and Pitfalls [J]. Cato Journal, 2001, 21 (1).

为防止开放资本账户时资本外逃风险，最好是在本国的利率水平高于国际利率水平的时候实施这样的开放政策。美国经济的减速与利率下调为中国资本账户开放提供了一个较好的机会。所以中国应该毫不犹豫地抓住这个机会，尽快推进金融自由化改革（于颖，2000）。

中国加入世界贸易组织可能会加快中国资本账户自由化的进程，中国应该加快金融体制的改革，为人民币经常账户的可兑换准备条件（易纲，2002）。我国现行的汇率制度是 1994 年汇率并轨以来所形成的以市场供求为基础、有管理的浮动汇率制，并且提前 3 年达到了《国际货币基金组织协定》第八条的要求，实现了人民币经常账户下的可自由兑换。但现有的汇率体制仍然存在许多问题，如中央银行干预外汇市场具有被动性，汇率变化缺乏弹性等，外汇体制的改革还需要进一步深化。在"有序、积极、稳妥"的原则下，人民币资本账户可兑换可以从有条件的可兑换开始，逐步过渡到完全可兑换，并且可以保留资本管制的相机实施权。具体可采取"积极稳妥、先易后难、宽入严出"的方针，比如先放宽长期资本流出流入的管制，再放宽短期资本流出流入的管制；先放开直接投资的管制，再放开对间接投资的管制；先放开对境外筹资的管制，再放开对非居民境内筹资的管制；先放开对金融机构的管制，再放开对非金融机构及居民个人的管制等。从国际经验看，在实现经常账户可兑换后，再逐步推进到资本账户可兑换，大约需要 10 年的时间，考虑到我国提前实现了经常账户可兑换，并且考虑到这一过程的循序渐进性，人民币资本账户可兑换可能要走相当长的路程。

加入世界贸易组织的确在客观上也会推动中国资本账户自由化的进程，理由如下：第一，世界贸易组织各项义务的核心就是减少政府对经济活动的行政干预。第二，加入世界贸易组织本身已要求中国扩大外商投资领域，尤其是增加银行、保险和证券等服务行业的市场准入机会，这将进一步推动中国资本账户的开放。从加入世界贸易组织后，中国国际收支发展趋势看，由于本国产品的国际竞争力总体较弱，而进口的需求刚性较大，在市场准入进一步扩大后，经常账户顺差可能会减少，国际收支平衡对资本账户的依赖加大，这也要求中国放松对资本流入的控制。第三，随着贸易自由化的推进，与贸易流动相伴随的国际资本流动会大量增加，不确定因素增多，境内机构和个人基于分散风险考虑，对资本流动自由化的要求也会越来越高。同时，"走出去"战略下，中国对外投资也会迅速上升。所以，虽然加入世界贸易组织本身并不要求开放资本账户，但是加入世界贸易组织后中国交易主体的外汇收支的数量和种类，交易行为的数量和种类都会发生巨大的变化。以事前审批和真实性审核为主的现行外汇管理模式实施难度加大，要求进一步简化手续，简化审批（方上浦，2001）。另外，加入世界贸易组织后，外资银行的进入会导致资本项下人民币的间接兑换，这种间接兑换主要通过两种方式，即本外币的相互质押贷款，以及外资银行开办人民币业务。通过这两种方式，国际资本就可以绕过资本账户的管制，以间接的方式，在一定程度上实现人民币与外汇在资本账户下的可兑换，这种可兑换是很难监管的。如果间接的兑换规模很大，就足以影响我国资本管制的有效性（梁维和，2001）。

因此，逐步放松资本账户管制推动人民币的可兑换既是中国涉外经济体制的长远目标，也是中国目前主动适应涉外经济发展，应加入世界贸易组织要求的客观选择。基于中国目前的经济特点，可兑换的条件不能一蹴而就，因此人民币资本账户可兑换不可能有具体的时间表，而是一个需要长时间市场发展和制度建设的过程。

5.4.2.3　加入世界贸易组织后的金融开放

根据相关协议，加入世界贸易组织后，对于资本账户，加入世界贸易组织仅涉及与贸易有关的投资自由化及国民待遇问题，并不直接要求成员国资本账户的完全开放。但是，在加入世界贸易组织的承诺中，中国公开声明要加入《与贸易有关的投资协议》（TRIMS）和《金融服务协定》（FSA），这意味着，中国将会放开外国直接投资的市场准入条件，金融业开放水平向世界平均水平靠拢。

加入世界贸易组织后，我国银行业对外开放的具体承诺是：中国将会在5年内大幅放开其金融服务贸易。外资银行在加入世界贸易组织的两年后获准经营中国企业的人民币业务，5年后经营居民的零售业务。外资保险公司将获准经营中国企业和居民的寿险业务和财险业务，同时现有的地域限制将在加入世界贸易组织的 5 年内逐步取消。外国资产管理公司将获准与中国的基金管理公司组建合资公司（外方的股权不超过 33%）。同样，外国证券公司也获准同国内的机构组建合资公司（外方的股权不超过 33%），经营国内人民币证券的发行、销售和交易业务。外资金融机构可以向居民如中资企业或家庭，以及非居民如跨国公司提供在岸和离岸金融服务，将会不可避免地促进跨境资本流动，人民币与外币的间接兑换可能成为现实，现有的外汇管制可能过时或失效。对外商直接投资准入领域的放宽，也将会增加跨境金融交易。所以，资本账户下交易的放开将进一步加快汇兑的放开。

加入世界贸易组织虽然与资本账户自由化没有必然的联系，但是加入世界贸易组织已经成为中国资本账户自由化的一个外在的压力和动力（胡祖六，2001）。中国可以利用这一时机调整资本账户的管理方式，提高资本账户的管理效率，以便更好地应付入世之后的外部冲击及变化不定的国际资本流动。

总体来看，中央银行对加入世界贸易组织后人民币资本账户可兑换的态度由乐观转向了谨慎，人民币资本账户的可兑换没有时间表，但这并不意味着人民币资本账户的可兑换会无限期地拖延下去。从 2002 年下半年开始，中国经济和外贸形势明显改善，国际收支交易规模迅速增加，具有经常账户和资本账户双重属性的跨境交易日益增多。在这种背景下，资本账户可兑换进程再次被提上日程。2003 年 10 月，党的十六届三中全会正式重新提出"在有效防范风险的前提下，有选择、有步骤地放宽对跨境资本交易活动的限制，逐步实现资本项目可兑换"。但是当时中国银行体系的不良资产比率较高，考虑到银行部门的脆弱性，中国没有规定具体的改革时间表。一直到 2008 年国际金融危机爆发，人民币资本账户可兑换的进程缓慢，学术界对这一问题的研究热情也不足。随着中国在国际金融危机后经济逐步稳定复苏，国务院对资本账户可兑换的提法开始出现积极变化，多次强调要"逐步实现人民币资本项目可兑换"。

2012 年 2 月 23 日《中国证券报》发表中国人民银行调查统计司的报告"我国加快资本账户开放条件基本成熟"，报告的核心思想是积极推进资本账户开放是我国经济发展的内在要求：第一，是我国资本账户开放已取得较大进展。第二，是当前我国正处于资本账户开放战略机遇期。开放资本账户有利于我国企业对外投资，也有利于并购国外企业，获取技术、市场和资源便利，提高我国企业可持续竞争能力；开放资本账户有利于推动跨境人民币使用和香港人民币离岸中心建设，推进人民币国际化。第三，资本管制效力不断下降，扩大开放可能是最终选择。报告提出，资本账户开放的风险基本可控，并表述了基本开放顺序。

在开放顺序上，优化资本账户各子项目的开放次序，是资本账户开放成功的基本条件。一般原则是"先流入后流出、先长期后短期、先直接后间接、先机构后个人"。具体步骤是先推行预期收益最大的改革，后推行最具风险的改革；先推进增量改革，渐进推进存量改革。

短期安排（1~3年），放松有真实交易背景的直接投资管制，鼓励企业"走出去"。直接投资本身较为稳定，受经济波动的影响较小。实证表明，放松直接投资管制的风险最小。当前我国推进海外直接投资已进入战略机遇期。过剩的产能对对外直接投资提出了要求，雄厚的外汇储备为对外直接投资提供了充足的外汇资金，看涨的人民币汇率为对外直接投资提供了成本优势，西方金融机构和企业的收缩为中国投资腾出了空间。

中期安排（3~5年），放松有真实贸易背景的商业信贷管制，助推人民币国际化。有真实贸易背景的商业信贷与经常账户密切相关，稳定性较强，风险相对较小。随着我国企业在国际贸易、投资、生产和金融活动中逐步取得主导权，商业信贷管制也应逐步放开。目前，我国进出口贸易占全球贸易量约10%，贷款占全球的1/4以上。放宽商业信贷管制，有助于进出口贸易发展，也能为人民币跨境结算和香港离岸市场建设拓宽人民币回流渠道。同时，适度放松商业信贷管制，有利于促进国内银行业竞争，改善企业特别是中小企业融资状况。

长期安排（5~10年），加强金融市场建设，先开放流入后开放流出，依次审慎开放不动产、股票及债券交易，逐步以价格型管理替代数量型管制。

这一报告出台后引起了学术界的又一次大讨论，不少学者对"基本成熟"持否定态度，认为中国不能贸然开放资本账户，中国还没有能力应对可能的开放风险。2013 年 11 月，党的十八届三中全会进一步提出，要建立宏观审慎管理框架下的外债和跨境资本流动体系，加快实现人民币资本项目下可兑换。

5.4.3 新时代的金融开放

2008 年危机以后，世界经济进入新常态，中国经济也进入新常态。世界经济将在金融全球化和信息通信技术推动下进入一个新的时代。中国将成为这个时代中重要一员，经济将进入追求高质量增长的阶段，建立对外开放全新体制。金融开放将是中国主动融入世界经济体系的关键内容。金融开放的动力和主体都发生了新的变化。

5.4.3.1 人民币国际化带动下的金融开放

1. 人民币国际化的主要动机

中国的本币、外币政策在很大程度上受到外部冲击的影响。1997 年亚洲金融危机让中国政府认识到，严格有效的资本管制是非储备货币国家应对国际投机资本冲击的"防火墙"。发展中国家过早开放资本账户可能为国际资本的冲击提供便利，于是原定于 2000 年实现人民币完全可兑换的计划被迫搁浅。2008 年国际金融危机让中国政府认识到人民币非国际化背景下，外汇储备保值增值和中国外向型企业皆面临较大的汇率波动风险（李婧，2014）。如果一个国家的货币是国际货币，则可以很大程度上避免此类风险。在此背景下，为了降低对美元的依赖，提高对外贸易中人民币使用率，2009 年政府正式启动跨境贸易人民币结算和香港离岸人民币市场两项措施，从此拉开了人民币国际化的序幕。

2. 人民币国际化的主要措施

跨境贸易结算和香港离岸人民币市场的发展是人民币国际化的最核心措施，也是观察人民币国际化进程的最重要指标。短短几年，跨境贸易人民币结算从 2009 年 4 个试点城市扩大至全国。2016 年底，跨境贸易人民币结算量累计超过 29.1 万亿元。[①] 中国从此出现了两个人民币市场，

---

① 根据中国人民银行货币政策执行报告，2018 年，跨境人民币收付金额合计 15.85 万亿元，同比增长 46%，其中实收 8 万亿元，实付 7.85 万亿元。

人民币在岸市场（CNY）和香港人民币离岸市场（CNH），两个汇率，两个利率。2014 年底，香港人民币存款总额超过 1 万亿元峰值；当时，离岸人民币业务已经扩展到新加坡、巴黎、法兰克福、伦敦等金融中心。如果以香港为例，人民币离岸业务也逐渐从存款扩展到存单、保单、债券、基金、黄金 ETF、贷款等多种形式。2015 年人民币加入特别提款权，被认为是人民币国际化和中国参与全球金融治理的重要标志。人民币作为新兴市场国家的主权货币，其突然的崛起成为危机后最重要的国际金融事件，引起国际社会的热切关注。其实，2009 年后很长一段时间内，中国政府没有提及"人民币国际化"的有关事宜，而只是提"跨境人民币结算业务"或者"人民币跨境使用"。直到 2014 年底，中央经济工作会议首次提出"稳步推进人民币国际化"，并在 2016 年初将其纳入"十三五"规划纲要，在 2017 年 7 月全国金融工作会议上再次予以强调。①

3. 人民币国际化带动的资本账户可兑换

人民币国际化试验的突出成果不仅体现为跨境贸易人民币结算量的扩大，而且还体现为香港离岸人民币业务的发展。自从跨境贸易人民币结算业务开展以来，香港就成为境外人民币服务和人民币产品的开发基地。在各地的跨境贸易人民币结算中，香港最为突出，这直接带来了在港人民币存款数量的上升。②

香港离岸人民币业务已经从人民币的存款、汇兑、人民币卡，扩展到人民币贷款、人民币债券、人民币期货、存款凭证、结构性产品、共同基金等。香港人民币资金的回流渠道也更加广泛，包括：内地企业在香港发行人民币债券并将资金汇至内地；香港符合条件的机构投资者投资于内地银行间债券市场；人民币 QFII（RQFII）与人民币 FDI 等。

目前，人民币离岸交易的市场范围已经拓展到新加坡、伦敦等金融中心，甚至有些国家（如韩国、马来西亚、柬埔寨、白俄罗斯、印度尼西亚、阿根廷、尼日利亚、菲律宾、俄罗斯和日本）已经把人民币纳入

---

① 《十三五规划纲要》明确要"有序实现人民币资本项目可兑换，提高可兑换、可自由使用程度，稳步推进人民币国际化，推进人民币资本走出去"。

② 根据中国工商银行的统计，2010 年香港跨境贸易人民币结算量占结算总量的 74%。

外汇储备货币。① 这说明，人民币已经在国际经济交易中初步具备了价值尺度、交易媒介和贮藏货币的职能。

人民币国际化还带来了中国进一步的金融开放。除了人民币合格的境外机构投资者（RQFII）、人民币合格的境内机构投资者（RDII），还包括沪港通、深港通、基金互认、债券通等创新制度安排。

人民币国际化的标志性成果是人民币加入特别提款权。2015 年 11 月 30 日，IMF 执行董事会认定人民币为自由使用货币，决定将人民币纳入特别提款权货币篮子，并于 2016 年 10 月 1 日正式生效。这是人民币国际化的重要里程碑，代表了国际社会对中国改革开放成就的高度认可。但是，这一变化将进一步促进人民币资本账户下的可兑换，因为称为篮子货币要求人民币必须是自由使用货币。2015 年前，曾经有学者提出为了使人民币成为特别提款权的篮子货币，人民币资本账户自由化进入冲刺阶段。

2015 年"8·11"汇改后，中国面临了比较严重的资本外逃，因此，市场上关于快速资本账户自由化的言论也自然退潮。人民币国际化的推进确实促进了事实上的资本账户自由化。中国在管控跨境资本流动管理方面，还欠缺经验与手段。

5.4.3.2 "一带一路"建设下的金融开放

2013 年 9 月习近平主席首次提出了"一带一路"倡议构想，即丝绸之路经济带和 21 世纪海上丝绸之路建设构想。这一构想成为中国经济发展新阶段参与全球经济运行的重要内容，表明中国主动参与全球分工和全球治理。

"一带一路"沿线国家对基础设施的投资需求庞大。64 个国家中以发展中国家和新兴市场国家为主，只有捷克、爱沙尼亚、以色列、新加坡等 7 个国家符合 IMF 关于发达经济体的定义。根据 2013 年的统计，沿线国家 GDP 总规模达 12.8 万亿美元，各国 GDP 平均为 2068 亿美元，低于

---

① 2011 年 9 月 5 日尼日利亚中央银行宣布将人民币作为外汇储备货币，2012 年 3 月，尼日利亚央行将等值于 5 亿美元的外汇储备转化为人民币，http：//www.sina.com.cn，2011 年 9 月 7 日 07：24。

同年度的世界平均水平 3900 亿美元；人均 GDP 为 5050 美元，远低于同期世界平均水平 1.05 万美元。这表明，沿线大部分国家经济发展水平不高，但是经济发展速度相对较快，有一定的发展潜力，同时普遍存在对基础设施的需求。具体项目涉及交通、电力、能源、水利、通信等基础设施建设，高科技产品、大型成套设备和机电产品，以及农林牧渔和矿产开发领域。

"一带一路"沿线国家和中国有强烈的贸易和投资合作潜力，对贸易和投资便利化的需求强劲。中国与"一带一路"沿线国家近些年贸易和投资往来发展迅速。2014 年，中国与"一带一路"国家或地区的进出口贸易额接近 7 万元人民币，较上一年增长 7% 左右，占同期我国外贸进出口总值的 1/4 左右。中国对"一带一路"沿线国家直接投资迅速增长，各区域投资需求旺盛。2003 年以来，"一带一路"沿线国家逐渐成为我国对外直接投资的重点，投资年平均增长速度高达 51%，高于其他地区。2013 年中国对外直接投资流量前 20 位的国家和地区中，"一带一路"国家占据了其中的 10 位，而在全部沿线国家中，中国直接投资存量超过 5 亿美元的有 24 个国家之多。中国与"一带一路"沿线国家有贸易和投资便利化的强烈需求，需要逐步降低贸易和投资壁垒，促进经贸合作，实现互利共赢。

"一带一路"沿线国家不仅需要来自中国的投资解决储蓄投资缺口的问题，支持本国基础设施建设，为快速的经济增长打下基础，而且希望与中国进行贸易和投资合作，实现互利共赢。但是，由于"一带一路"沿线国家的政治、经济、文化和社会发展差异大，各国政策法规不兼容、政治互信缺乏、地缘政治风险、文化宗教冲突和恐怖主义等风险将长期存在。因此，"一带一路"建设不仅是要解决资金、投资和贸易问题，还要解决沿线国家对政治安全、经济与社会安全的需求问题。因此，中国提出的"一带一路"倡议面临沿线国家的需求多样性的挑战，中国旨在建立起覆盖 64 个国家的交易网络，实现"五通"目标。

"一带一路"沿线国家的复杂性，需求的多样性决定了中国参与、设计这一建设的复杂性。相比沿线国家，中国有较好的经济基础、巨大的国内需求潜力、较成熟的政策和较高的生产力。这决定中国角色更多的是"公共产品供给者"角色，中国将支撑起"一带一路"沿线国家开放的交易网络，促进这一地区的经济增长与稳定。

经济史学家查尔斯·金德尔伯格（1973）指出，危机中一个主导国家要能够提供5种公共产品（见表5.5）。

表5.5　　　　　　　全球公共产品类型及对中国的具体需求

序号	公共产品的类型	对中国的具体需求
1	维护一个问题产品（distressed goods）①的交易市场（作为最后的消费者）	作为一个全球需求的引擎
2	确保宏观经济政策间的协调	在全球政策中发挥领导作用
3	维护一个相对稳定的汇率制度（包括提供储备货币）	提供全球储备资产
4	作为最后贷款人（包括提供储备货币）	充当最后贷款人
5	提供逆周期的或至少是比较稳定的长期贷款	作为世界其他国家的长期资本来源

注：①找不到买者的商品（goods that cannot find a buyer）。

资料来源：作者根据穆罕默德·埃尔埃利安和拉曼·托鲁伊（2011）整理得到。

第一种公共产品，要求中国能够成为全球需求的引擎，扮演典型的最后消费者的角色。

中国人口多，但是消费占GDP的份额较低。中国有很大的潜能激发消费者需求，成为全球商品的最终消费者。这意味着中国经济必然要转型，要从投资主导型转向消费主导型，中国国际收支的经常账户必然会出现新变化，即顺差的减少，甚至出现微小的赤字。

第二种公共产品，要求中国在全球经济政策协调中发挥领导作用。

当前二十国集团是中国参与区域和全球治理的最主要平台，中国通过这一平台对其他国家的经济作出评价，提出促进全球经济稳定增长、协调宏观经济政策和促进国际货币金融体系改革的建议。除了二十国集团，中国也应在其他的机构（组织）中发挥作用，比如在全球性组织世界银行和国际货币基金组织，区域性组织如亚洲开发银行和清迈协议等组织提出本国的构想。

第三种公共产品，要求中国能维持汇率制度的稳定并提供全球储备资产。

世界经济运行需要某一个国家或者机构提供流动性。中国需要为全球和区域经济提供稳定的储备资产，这要求人民币必须要国际化，承担作为国际储备货币的重任。保持人民币汇率稳定是承担这一责任的基本前提。

第四种公共产品，要求中国充当最后贷款人。这要求，如果某些国家出现短期流动性不足，如遇到投机冲击，中国能提供紧急救援。中国目前是全球的净债权人，中国还能够通过类似清迈协议下双边货币互换网络，对问题国家伸出救助之手。

第五种公共产品，要求中国成为长期资本的配置者。中国不仅要能给某些国家提供短期救助，而且需要提供长期资本。这需要中国长期投资政策的转变。

以上五种公共产品的提供是对区域乃至世界经济领导者的基本要求，且并不是独立的。公共产品1的提供要求中国国际收支经常账户的调整，经常账户顺差缩小，甚至是逆差，这才可能使中国提供公共产品3，即其他国家也有机会持有人民币资产作为储备，家庭和企业才可能进行海外投资，非居民有机会购买以人民币计价的储备（公共产品5）。而且，这五种公共产品的提供要求中国做出全套的经济政策调整，这对中国并非易事。

因此，中国提出的"一带一路"倡议，是中国主动参与全球化的新方式，是建立全新对外开放新体制的重要内容。为"一带一路"建设提供公共产品要求中国在宏观经济、产业、金融等方面做出调整。参与"一带一路"建设需要大量的资本，中国目前的外汇储备水平是不能够保证"一带一路"的建设资金。中国将通过产业资本输出的方式参与"一带一路"建设，人民币投资也将成为解决资金不足的一个解决方案。

首先，推动中资企业"走出去"。在生产方面，鼓励国有大中型企业利用在"一带一路"沿线的投资机会，建立起中资企业作为核心的区域产业链，增强企业定价权和结算货币选择权。在贸易层面，继续推动中资企业境外集团内部企业接受人民币、中资企业之间使用人民币结算。

集团内部的贸易企业之间在结算货币选择时可首先考虑人民币，集团境外资金平台应为人民币结算提供便利。继续巩固中资企业之间互相使用人民币结算，一类是大型央企之间的合作，比如，中石化已与兄弟公司南光集团、中石油等企业的境外附属机构达成了在海外使用人民币支付部分贸易款项的协议，并细化了资金流程；另一类是生产成本主要以人民币支付的中资企业如仓储、物流、上海保税库（储油和储罐）和在香港注册的中国公司之间的合作，它们之间的贸易可以改成人民币计价结算（支华，2013）。

其次，和战略合作伙伴之间的贸易往来探索使用人民币结算。一些外国公司刚尝试使用人民币计价和结算时常常担心得到人民币无法使用。中资企业可以考虑和一些在中国内地有投资的贸易伙伴签订人民币支付合同。这样外国公司在持有人民币后可以选择购买中国商品，也可以选择到中国投资。人民币 QFII（RQFII）这种机制设计就能满足外国公司的人民币投资需求。这样外商就有了选择权，有利于他们自然地接受人民币，向对待其他货币一样对待人民币。

最后，构建有序的"一带一路"金融服务体系。人民币国际化的主体是企业，银行跟着企业走，为企业提供金融服务，所以，应鼓励银行积极参与到"一带一路"建设中来。第一，在贸易层面，商业银行可寻找乐于接受人民币的国家和企业，把人民币支付到"一带一路"沿线国家。第二，商业银行在项目投融资方案设计和谈判时考虑人民币支付因素，考虑企业安全和便利化需求，为企业选择人民币支付提供战略规划咨询、项目策划、投融资顾问、风险管理等全面服务，提高企业资本投资便利程度；第三，商业银行要开发符合"一带一路"沿线国家和企业投资需求的人民币金融产品；第四，提供便捷、高效的人民币清算服务，积极与中资企业协调安排，早日完成交易。"一带一路"不仅是为企业找到了出路，而且也提高了中资商业银行的服务水平，增加了市场机会，对商业银行的国际化有重要价值。

因此，"一带一路"建设不仅意味着中国企业走出去，还意味着中国银行走出去，中国金融走出去，这将成为新时代中国金融开放的重要方式。

5.4.3.3 满足微观主体诉求的金融开放

如果说"一带一路"建设下的金融开放是为了满足国家战略要求，是企业参与的金融开放。那么，金融发展和财富水平变化使家庭更多地参与到全球资产配置中去，则是满足微观主体需求的金融开放。

金融发展和财富水平上升促进中国家庭境内资产配置多元化，资本账户开放则促进了中国家庭境外资产配置。特别是近几年来，中国家庭资产结构和资产配置选择都发生了明显变化，家庭投资者出于资产安全和分散风险的考虑，全球资产配置意愿上升，境外投资呈持续上升趋势。其中，高净值人群投资眼界更为开阔，更倾向于多区域、多币种、多形式的多元化跨境资产配置。中国招商银行和贝恩公司（Bain Company）联合发布的《2017 年中国私人财富报告》表明，中国高净值人士中拥有境外资产的比例由 2011 年的约 19% 上升至 2017 年的约 56%，即超过一半的中国高净值人群进行境外资产配置，且境外投资规模逐年增大。①

可见，中国家庭境外投资意愿显著上升，境外资产配置开始呈现多元化和规模化等特征。因此，合理估算开放经济条件下中国家庭境外资产配置规模，探索中国家庭境外资产配置的影响因素，对满足中国家庭多元化资产配置需求，合理推进资本账户自由化具有重要现实意义。

近年来，中国个人或家庭境外资产配置意愿和规模不断上升。中国招商银行和贝恩公司（Bain Company）联合发布的《2017 年中国私人财富报告》显示：2016 年，中国个人持有的可投资资产总体规模达到 165万亿元②，2014—2016 年年均复合增长率达到 21%；到 2017 年底，可投

---

① 中国招商银行和贝恩公司（Bain Company）.2017 年中国私人财富报告［R］. 2017，第 21 页。高净值人群是指可投资资产超过一千万元以上的人士。

② 可投资资产是指个人投资性财富（具备较好的二级市场流动性的资产）总量的衡量指标。可投资资产包括个人的金融资产和投资性房地产。其中金融资产包括现金、存款、股票（指上市公司流通股和非流通股）、债券、基金、保险、银行理财产品、境外投资和其他境内投资（包括信托、基金专户、券商资管、私募股权、黄金和互联网金融产品等）等；不包括自住房产、非通过私募投资持有的非上市公司股权及耐用消费品等资产。

资资产总体规模约为 188 万亿元[①]。2016 年，中国高净值人士数量达到 158 万人，2014—2016 年年均复合增长率达到 23%；2017 年底，中国高净值人士数量约为 187 万人。2016 年，中国高净值人群人均持有可投资资产约 3100 万元，共持有可投资资产约 49 万亿元；2017 年底，高净值人群持有的可投资资产规模约为 58 万亿元，个人境外投资年均复合增长率约为 26%。中国投资者境外资产配置趋于多元化，其中现金、股票、债券和保险为资产配置大类；另外，资产配置更加趋于全球化，中国香港作为境外投资首选的重要性有所下降，美国、英国和澳大利亚等发达国家的投资受到更多关注。

《万国置地 2016 全球房产投资白皮书》调查显示，2015 年全球投资者购买美国住宅的金额为 1040 亿美元，其中中国投资者的购买金额占比为 27.5%，约合 286 亿美元[②]。2017 年，美国联合通讯社指出，在 2007—2016 年的十年中，超过 10 万中国人投入至少 240 亿美元用于投资移民，其中用于美国投资移民的金额约为 77 亿美元[③]。从 2006 年开始，中国内地投资者可通过 QDII 进行境外证券类投资，截至 2018 年 6 月底，中国批准的 QDII 额度累计为 1033.33 亿美元[④]。大量数据表明，中国个人或家庭境外资产配置的意愿和规模显著上升。

中国没有公布家庭境外资产配置的官方数据，我们可以以家庭境内外汇存款为例大致说明家庭境外资产配置的情况。

中国人民银行公布了金融机构外汇信贷收支表（Sources and Uses of Credit Funds of Financial Institutions），该表通过外汇来源方项目（Funds Sources）和运用方项目（Funds Uses）两个层次统计了金融机构的外汇信

---

① 年均复合增长率（Compound Average Growth Rate，CAGR）是指一项投资在特定时期内的年度增长率。计算公式为：$CAGR = \sqrt{(现有价值/基础价值) \times (1/N)} - 1$。

② 数据来源：《万国置地 2016 全球房产投资白皮书》，http://money.163.com/16/0329/17/BJBGEJOB00253B0H.html。

③ 数据来源：美国联合通讯社官网，https://www.ap.org/en-gb/。

④ 数据来源：中国商务部官网，http://www.safe.gov.cn/。

贷存量规模①。其中，外汇来源方项目的境内存款分为四个部分，分别为住户存款、非金融企业存款、政府存款和非银行业金融机构存款，其中住户存款包括活期存款和定期及其他存款，是住户持有的境内外汇存款额，能够体现中国家庭持有的外汇资产规模。由于外汇本身的性质决定持有外汇即持有境外资产，因此，这部分可视为中国家庭持有境外资产的重要组成部分。具体如图 5.1 所示。

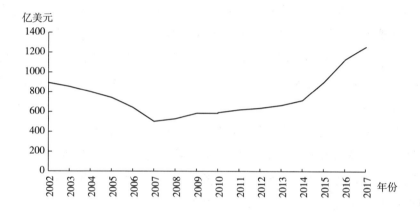

图 5.1　金融机构外汇信贷收支表住户境内外汇存款额

数据来源：中国人民银行官网。

从图 5.1 中可以看出，2002—2007 年，中国住户境内外汇存款额呈下降趋势，2008—2014 年，为缓慢上升状态，2014 年以后，呈现快速增加趋势，截至 2017 年底，达到最高值 1257.35 亿美元。整体可以看出，2007 年以后，中国家庭持有外汇资产规模呈现不断上升趋势，年均增长率为 10% 左右。

这一变化表明中国家庭可能将成为跨境资本流动的重要主体。家庭和企业的资产配置类似，他们都有在国内外两个市场实现资产收益最大

---

①　金融机构外汇信贷收支表由中国人民银行计算并公布，本表中所指金融机构包括中国人民银行、银行业存款类金融机构、信托投资公司、金融租赁公司和汽车金融公司。银行业存款类金融机构包括银行、信用社和财务公司。银行业非存款类金融机构包括信托投资公司、金融租赁公司、汽车金融公司和贷款公司等银行业非存款类金融机构。自 2015 年起，"各项存款"含非银行业金融机构存放款项，"各项贷款"含拆放给非银行业金融机构的款项。

化的需求。中国的下一步金融开放需要满足企业和家庭的共同诉求,将是在家庭和企业共同参与下的金融开放。

5.5 新阶段金融开放的风险

早在2005年,美国彼得森国际经济研究所所长在《未来10年美国对外经济政策》中预言,2005年后,世界经济将面临五大风险,包括:美国经常账户赤字、财政赤字、美国贸易保护主义、石油价格的上涨和中国经济的硬着陆。届时,全球经济再也不可能像现在这样实现高速增长。2008年国际金融危机爆发后的世界经济让我们看到了,这五大风险都出现了。美国等发达国家经济的下滑,新兴经济体经济增速的放缓使世界经济整体仍然在复苏中徘徊。货币政策和财政政策在实行逆周期调控时的作用是有限的,克服金融周期则是其前所未有的课题。

新兴经济体在经济全球化过程中表现突出,中国更是杰出的代表。可以说改革开放四十多年来,中国能够经得起经济地震和金融海啸,与其改革开放的成果和经济开放程度有限紧密相关。

经历危机,中国并没有退回到封闭体系,而是走向一个更加开放的体系。中国在贸易和投资开放方面有丰富的经验,但是在金融开放和金融风险防控方面还是刚刚上路的"新手"。

进一步金融开放,中国面临着金融全球化的冲击,担心由于经济周期和金融周期的影响导致资本流入的剧增和急停,资本流出的剧增和资本外逃;担心金融体系的脆弱而发生系统性金融风险。韩国经历了两次金融危机的重创,目前韩国已经是个金融相当开放的国家,郑德龟(2008)以形象的"两水系理论"形容了危机发生的原因、风险以及危机的防范(见图5.2)。中国同样是新兴经济体,其和韩国面临相似的问题。在此,本文借用"两水系理论"来阐述中国新阶段金融开放面临的风险。

图5.2把金融危机时的韩国经济比喻为大坝,韩国经济的内部系统的问题积压类似上升的水位,这是"管理危机"和"不协调现象的深化"导致的。经济高度增长时期成功运作的"政治圈—官僚圈—企业集团"三角均衡的决策机制因市场化和开放化的进展以及五年单任总统制等原

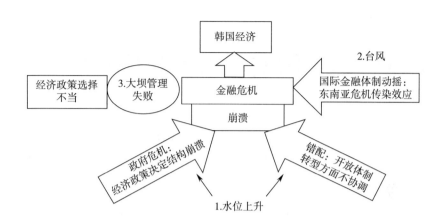

图 5.2 韩国的金融危机"两水系"理论

资料来源：［韩］郑德龟．超越增长与分配：韩国经济的未来设计［M］．北京：中国人民大学出版社，2008 年 11 月。

因发生裂痕。另外，在向开放体制的转型中，由于没有调节好开放的顺序和速度而引起了各种不协调。简而言之，决策机制的瓦解和转型中新旧体制的不协调使风险不断累积，给韩国经济这个大坝施加了压力。国际金融体制的不稳定和东南亚危机可以视为台风，当不稳定的本国金融市场面临冲击和邻国发生危机时，韩国缺少坚实的水坝和正确的决策，结果使政府治理的脆弱性、经济脆弱性和金融脆弱性都暴露出来，危机爆发。其实，韩国是可以更好地控制水位，政府管好闸门，抵御"台风"的冲击。

韩国在两次危机之后都对国内的金融体系进行了改革。而且韩国深刻地认识到，保证经济安全，同时保持经济活力，只靠政府管理好闸门，控制好水坝是不够的，还需要获得各部门和国民的支持，需要国际和区域的货币和金融合作。

新阶段，意味着中国必须面对世界经济转型，必须面临经济进入新常态，金融全球化和信息通信技术的发展会使中国面临更多的不确定性。中国需要修好自己的经济大坝，控制好水位，应对可能的台风侵袭。

第六章　中国宏观审慎管理框架设计

2008 年以后，中国应对内外失衡的实践使决策者意识到货币政策在新的内外环境下实现经济与金融稳定的局限性，中国开始探索新环境下宏观审慎监管的实践。中国人民银行较早在逆周期宏观审慎管理方面进行了创新性探索。

2009 年下半年，中国经济出现了复苏迹象，在扩大内需等一揽子经济刺激政策的带动下，人民币贷款迅速增长。人民银行对此高度关注和警惕，提出应按照宏观审慎政策框架的原理制定新的逆周期措施。

2010 年，人民银行引入差别准备金动态调整措施，将信贷投放与宏观审慎要求的资本充足水平相联系，探索开放的宏观审慎管理。2010 年底的中央经济工作会议明确提出要使用宏观审慎工具。此后，人民银行不断完善宏观审慎政策，将差别准备金率动态调整机制升级为宏观审慎评估（MPA），逐步将更多金融活动和资产扩张行为纳入宏观审慎管理框架。

从实践来看，宏观审慎政策框架在促进金融机构稳健审慎经营、维护金融系统稳定等方面发挥了重要作用，向全球输出了中国经验。党的十九大报告明确提出要健全货币政策和宏观审慎政策的双支柱调控框架。

针对跨境资本流动管理，我们需要理解中国国际收支的结构性变化、跨境资本管理的方式和特征、中国的宏观审慎目标和主要工具的选择，在此基础上，构建宏观审慎管理框架。

6.1　国际收支的结构性变化

6.1.1　国际收支平衡表的变化

国际收支平衡表是反映一定时期一国同外国的全部经济往来的流量

表，是国际收支核算的重要工具。国际收支平衡表，可综合反映一国的国际收支平衡状况、收支结构及储备资产的增减变动情况。1998 年第一季度至 2017 年第一季度的中国国际收支状况如图 6.1 所示。

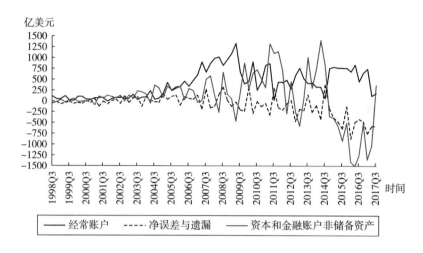

图 6.1　中国国际收支状况

注：1998Q3 代表 1998 年第三季度。

资料来源：Wind 资讯。

从图 6.1 中可以看出，中国国际收支发生了显著变化。

第一，1998 年至 2009 年第一季度，资本与金融账户跨境资金流动差额规模普遍低于经常账户差额规模，自 2009 年第二季度起，资本与金融账户跨境资金流动差额规模显著超出经常账户差额规模，且波动幅度显著加大。

第二，1998 年至 2006 年第三季度，中国国际收支一直处于"双顺差"状态；2007 年至 2008 年国际金融危机期间，中国国际收支平衡表中资本与金融账户曾出现两个季度的逆差现象，之后迅速转为顺差；受欧债危机影响，2011 年底至 2012 年初，中国国际收支平衡表再次出现了三个季度的资本与金融账户逆差，之后转为顺差；从 2014 年第二季度起，资本与金融账户呈持续逆差状态。

第三，误差与遗漏项平均值体现为净流出，2007 年第一季度至 2014 年第一季度期间发生误差与遗漏项净流出的季度中，平均每个季度净流出规模为189.42亿美元。自2014年第二季度起，误差与遗漏项连续12个季度为净流出，单季度平均净流出规模为498.39亿美元，规模显著增大。

第四，一般认为，资本与金融账户非储备资产体现了合法的跨境资本流动规模，而误差与遗漏项一定程度上体现了真正的误差与遗漏项或官方口径之外的地下跨境资本流动规模。从2014年第二季度至2017年第一季度的国际收支状况看，不论是合法的跨境资本流动还是地下跨境资本流动都表明中国面临大规模持续的跨境资本流出局面。

特别需要注意的是，中国国际收支平衡表中资本与金融账户的非储备项目发生了显著变化。为了深入分析这种变化，有必要对资本与金融账户非储备项目的各子项进行细致分析，如图6.2所示。

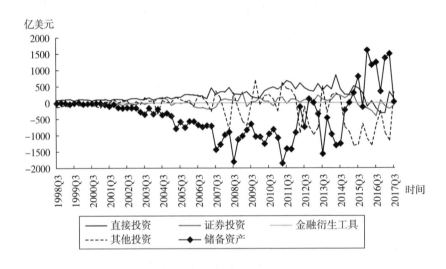

图6.2　国际收支平衡表金融账户各子项状况

资料来源：Wind资讯。

从图6.2中可以看出，近二十年来，资本与金融账户中非储备项目各子项的变化状况如下。

第一，2015年第三季度之前，中国直接投资净额持续为正，且波动性不大，季度平均值为267.42亿美元；2015年第三季度后的7个季度，中国直接投资项下出现了4个季度逆差，单季度最高逆差额达到317.57

亿美元，是近二十年来首次出现的情况。

第二，根据国际收支平衡表的编制规则，储备资产数值为正时，表明储备资产下降，数值为负时，表明储备资产增长。2014年第三季度之前，中国储备资产基本处于连续增长状态，储备资产流量累计最高值达到3.95万亿美元,①这是国际收支持续"双顺差"的自然结果。自2014年第三季度起，中国储备资产开始呈现明显下降趋势，这主要受中国经济增速放缓、资本外流规模持续加大，人民币贬值预期不断加强，央行运用外汇储备稳定人民币汇率等多重因素影响。

第三，中国证券投资净额波动性稍大，单季度顺差最高值为329.27亿美元，逆差最高值为409亿美元；但是流动规模较小，季度平均值净流入额为10.12亿美元。2015年之前，中国金融衍生工具投资额为零，2015年之后，该项目逐步对外开放，但是规模很小。

第四，中国的其他投资波动性最大，过去的77个季度中，有40个季度为逆差，有37个季度为顺差，且流动规模也相对较大，单季度顺差最高值为683.19亿美元，逆差最高值为1302.17亿美元。

其他投资变动较大，本文对该项目下各子项进行分析。如图6.3和图6.4所示。

从图6.3和图6.4中可以看出，其他投资项下各子项中规模和波动性较大的是货币与存款项以及贷款项。77个季度中，货币与存款项有36个季度处于顺差状态，有41个季度处于逆差状态，单季度顺差最高值为493.74亿美元，单季度逆差最高值为948.08亿美元，季度平均值为净流出50.30亿美元；而贷款项有35个季度处于顺差状态，有42个季度处于逆差状态，单季度顺差最高值为532.12亿美元，单季度逆差最高值为683.84亿美元，季度平均值为净流出51.71亿美元。本文进一步从货币与存款项以及贷款项的资产方和负债方深入分析其变动规律，如图6.5和图6.6所示。

---

① 国际收支平衡表上的储备资产属于流量概念，不包含存量资产的估值效应，而中国人民银行发布储备资产月度数据包括存量资产的估值效应。

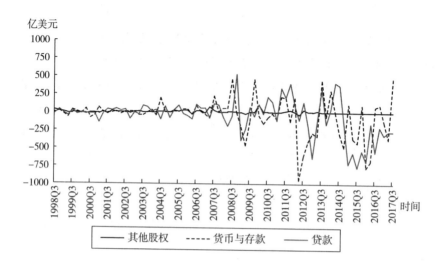

图6.3 国际收支平衡表其他投资项下各子项状况（a）

资料来源：Wind 资讯。

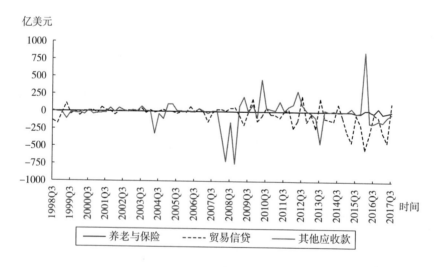

图6.4 国际收支平衡表其他投资项下各子项状况（b）

资料来源：Wind 资讯。

在国际收支平衡表中，资产方是指本国资金流出国外，一般是负值，而负债方是指外国资金流入本国，一般是正值。从图6.5中可以看出，货币与存款项资产方的跨境资本流出规模比负债方大，且具有更大的波动

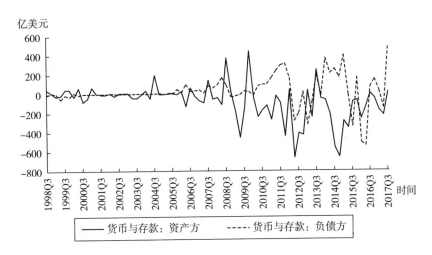

图 6.5 货币与存款项资产方和负债方变动状况

资料来源：Wind 资讯。

性，尤其在 2008 年国际金融危机后，中国居民货币与存款资本外流规模显著加大，直至 2015 年，中国加强了对资本流出的监管，该项下的资本外流规模才有所放缓。值得注意的是，货币与存款项负债方在 2011 年第四季度至 2013 年第二季度期间出现负值后，在 2014 年第二季度之后，再次出现负值，这表明外国资金流入由正转负。

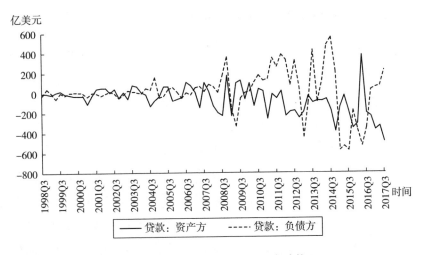

图 6.6 贷款项资产方和负债方变动状况

资料来源：Wind 资讯。

从图 6.6 中可以看出，贷款项资产方的资本流动均值为负，且比较稳定。但是，2014 年第二季度后，贷款项负债方却连续出现七个季度的负值，这说明外国对中国提供的贷款发生了显著收缩，甚至为负，这可能是外国贷款人提前收回了资金，也可能是中国借款人提前偿还了国外贷款所致。

从中国国际收支平衡表反映的跨境资本流动的变化可以得出如下结论：第一，2014 年第二季度后，中国国际收支发生了结构性变化，持续多年的"双顺差"局面转变为经常账户顺差、资本与金融账户逆差，并可能成为中国对外经济的新常态。第二，除了资本与金融账户资本外流压力持续加大外，误差与遗漏项逆差值不断加大也一定程度上表明非官方口径的资本外逃规模逐渐加大。第三，其他投资子项资本外流是资本与金融账户资本外流的最重要原因，货币与存款项和贷款项的净外流是其他投资子项资本外流的最主要部分。货币与存款项下资本外流是由中国居民资本外流主导的，贷款项下资本外流是由外国对中国贷款减少或中国提前偿还外债导致的。

1997 年亚洲金融危机之后，除了 2008 年国际金融危机和欧债危机期间，中国长期处于国际资本流入的状态。但是，从 2104 年第二季度起，中国跨境资本流动由大规模流入转为持续流出，跨境资本流动呈现出新特征。

6.1.2 "双顺差"局面不再持续

从国际收支结构上看，"双顺差"局面转为经常账户顺差、资本与金融项目逆差。中国国际收支平衡表中资本与金融账户除了个别季度出现过逆差现象外，中国基本维持国际收支"双顺差"状态，但从 2014 年第二季度起，资本与金融账户呈现持续逆差。管涛（2016）认为，中国国际收支发生了结构性变化，持续多年的国际收支"双顺差"格局已转变为经常账户顺差、资本与金融账户逆差，贸易顺差和资本流出将成为中国国际收支的新常态。而且这次跨境资本的持续外流不同于 2008 年国际金融危机和欧债危机时期的阶段性流出，更多的是中国内部原因所致。国际收支平衡表资本与金融账户中反映的资本外流大部分来自其他投资子项下的货币与存款项和贷款项的净资本外流，而货币与存款项资本外流是中国居民资本外流导致的，贷款项下资本外流是由外国对中国贷款减少或中国提前偿还外债导致的。

6.1.3　单向流入转为双向流动且波动性加大

从跨境资本流动方向和波动性上看，单向流入转为双向流动，再转为总体流出，且跨境资本流动波动性加大（见图6.7至图6.10）。

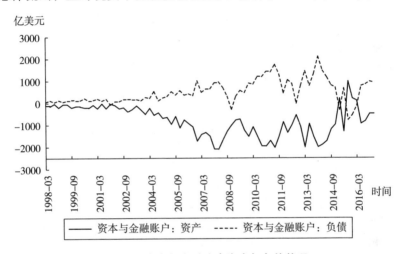

图6.7　资本与金融账户资产与负债状况

资料来源：Wind 资讯。

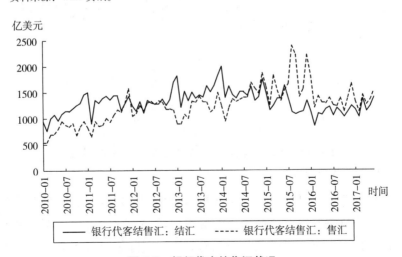

图6.8　银行代客结售汇状况

资料来源：Wind 资讯。

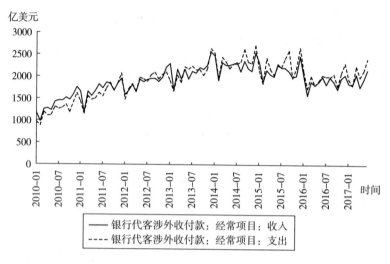

图 6.9 银行代客涉外收付款中经常项目收支

资料来源：Wind 资讯。

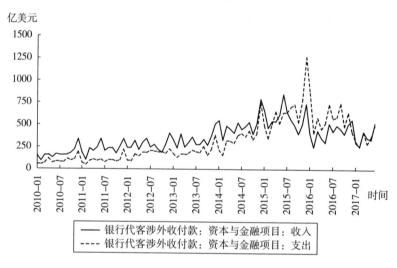

图 6.10 银行代客涉外收付款中资本与金融项目收支

资料来源：Wind 资讯。

从图 6.7 中可以看出，2007 年国际金融危机之前，资本与金融账户的资产方所反映的本国流向国外的资本规模一直比较稳定，而负债方所反映的外国资本流入中国的规模相对较大。国际金融危机之后，资本与金融账户的资产方和负债方跨境资本流动规模均加大，即双向流动加大。

2014 年第三季度后，总体呈流出状态。图 6.8 至图 6.10 从银行代客结售汇和银行代客收付款视角展示了跨境资金流动规模，可以看出跨境资金双向流动规模和波动幅度均逐渐加大，同时也分别在 2014 年末至 2015 年初出现了跨境资本流出现象，这与国际收支平衡表所反映的跨境资本流入逆转现象基本一致。

6.1.4　经济主体增持外币意愿由弱转强

根据上节的分析，当银行代客结售汇差额高于银行代客涉外收付款差额时，这表明中国境内居民和非金融机构出售的外汇资产超过同期内他们通过跨境交易获得的外汇资产，说明中国境内居民持有外汇的意愿强烈，这种现象在人民币贬值预期强烈时比较突出。相反，当银行代客结售汇差额低于银行代客涉外收付款差额时，这表明中国境内居民和非金融机构出售的外汇资产低于同期内他们通过跨境交易获得的外汇资产，说明中国境内居民持有本币的愿望强烈，这种情况在人民币升值预期强烈时比较明显。2014 年 9 月之前，中国境内居民对本币的增持意愿强烈，2014 年 9 月之后，这种增持意愿发生逆转，即增持外币的意愿显著增强。我们还可以通过外币存贷款余额和同比增速来考察经济主体的外币持有意愿（见图 6.11 和图 6.12）。

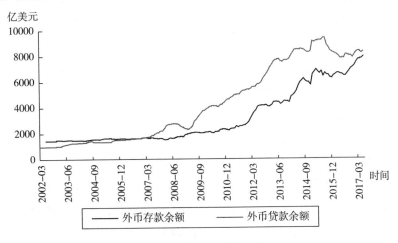

图 6.11　外币存贷款余额

资料来源：Wind 资讯。

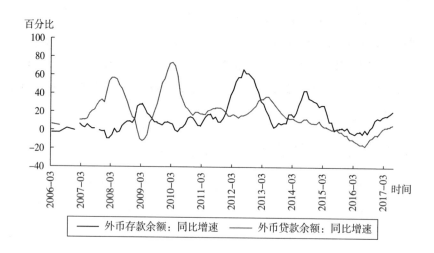

图 6.12　外币存贷款余额同比增速

资料来源：Wind 资讯。

　　从图 6.12 中可以看出，2014 年第三季度起，中国金融结构的外币存款余额开始迅速上升，外币贷款余额随之开始下降。其实从 2014 年 1 月起，外币存款余额同比增速连续 42 个月高于外币贷款余额同比增速，这是以往从未发生过的。一般情况下，当一国经济稳定向好或本币升值预期强烈时，本国经济主体会进行"资产本币化，负债外币化"操作，这会使得外币贷款上升，外币存款下降；相反当一国经济增速放缓或本币贬值预期较强时，本国经济主体会进行"资产外币化，负债本币化"操作，这会使得外币贷款下降，外币存款上升。2014 年第二季度后，中国经济增速放缓，人民币贬值预期开始凸显，中国经济主体开始由"资产本币化，负债外币化"操作转向"资产外币化，负债本币化"操作，即外币持有意愿由弱转强（张明，2015）。

　　从图 6.13 中可以看出，2011 年之后，外币存款余额开始迅速增长，与此同时非金融企业的外币存款余额也开始迅速增长，且对外币存款余额的贡献率远远高于居民外币存款余额的贡献率，2015 年初居民外币存款余额才开始明显上升。企业对经济变化的预见性和敏感性要早于居民对经济变化的感知，企业对资产配置的调整也相应快于居民对资产配置的调整。

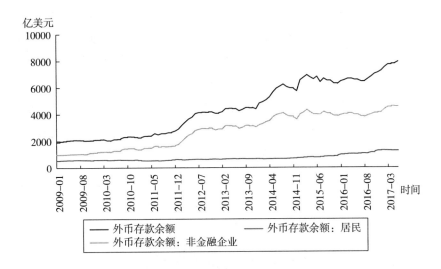

图 6.13 中国不同经济主体外币存款余额对比

资料来源：Wind 资讯。

6.1.5 外汇储备规模出现拐点

中国官方外汇储备规模一直以来处于不断增长的状态，直到 2014 年 6 月达到 3.99 万亿美元的最高值，之后便由高位增长转为持续缩水，如图 6.14 所示。

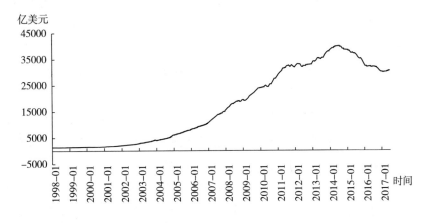

图 6.14 中国官方外汇储备期末值

资料来源：Wind 资讯。

从图 6.14 中可以看出，中国官方外汇储备在 2014 年 6 月达到最高值后便持续下滑，在 2017 年 1 月达到最低值 2.99 亿美元，前后共缩水 1 万亿美元。2017 年 2 月至 6 月，外汇储备规模略有上升，但未超过 3.06 万亿美元。中国外汇储备规模的下降有多重原因，其中最主要的是 2014 年第二季度后，人民币贬值预期凸显，特别是 2015 年 8 月 11 日人民币汇率形成机制改革后（简称"8·11"汇改），人民币贬值预期持续加强，人民币汇率波动也明显加大，因此中国央行耗用了大量外汇储备用于稳定人民币汇率。2017 年初，随着人民币汇率的逐步趋稳，外汇储备规模也逐渐趋稳。但可以明确的是，外汇储备规模拐点已出现，随着国际收支"双顺差"局面的逆转，外汇储备规模很难再达到之前的水平。

6.2 跨境资本管理方式和阶段特征

20 世纪 90 年代以来，中国对跨境资本流动管理的内容和重点随着经济形势的变化而有所变化，大致可以分为如下五个阶段。

6.2.1 促流入、控流出（1994—1997 年）

在改革开放和市场经济建设初期，中国整体经济实力较弱，国家和地方的财政收入有限，经济建设资金匮乏。在这样一种背景下，为了有效吸引大量外资，中国在跨境资本流动管理上呈现出"促流入、控流出"的非平衡特征，即对国际资本流入的管制较松，而对国内资本流出的管理较为严格。

这一阶段，为大量吸引外资，国家相关部门在资本市场、直接投资、外汇交易管理等方面出台了一系列政策鼓励国际资本流入。1994 年 1 月 1 日，人民币官方汇率与市场汇率并轨，实行以市场为基础的、单一的、有管理的浮动汇率制。当年 4 月，银行间外汇市场正式运营，中国人民银行按照前一营业日外汇市场形成的加权平均汇率，公布当日人民币兑美元、港币、日元的中间价，并参照国家外汇市场套算汇率公布人民币对其他主要货币的汇率（李婧，2006）。1996 年，中国解除了全部经常账户下的外汇管制，如允许将外商直接投资企业外汇买卖纳入银行结售汇体系①；扩大居民用汇供给范围；取消经常性用汇限制等，并于 12 月 1 日起，中国正式接受《国际货币基金组织协定》第八条，宣布实现人民币经常账户完全可兑换。

与此同时，为了防止资本外流，从外债和外汇交易等方面加强了资本流出管制，实行计划管理和审批制度。境外投资资金的汇出及中方投入外商投资企业的外汇资金，须持项目审批部门的批准文件和合同向外汇管理局申请，凭其批准文件到外汇管理局指定银行购买外汇。由此，1996 年后，中国形成了"人民币经常账户可兑换，资本账户实行严格管制"的外汇管理体制框架。这种"促流入、控流出"的跨境资本流动管理方式导致的结果是外汇储备迅速上升，外汇占款的大幅增加导致基础货币供应渠道发生了变化。1994—1997 年，外汇占款增加额分别占到了当年基础货币投放量的 76.29%、61.19%、42.72%、82.14%，外汇占款成为基础货币投放的主要渠道。

6.2.2　促平衡、保稳定（1998—2000 年）

受 1998 年亚洲金融危机的影响，中国贸易条件恶化，部分出口企业无法按时收回货款，逃汇、套汇活动猖獗，外商直接投资也受到很大冲击。中国国际收支首次出现经常账户"顺差不顺收"现象，资本和金融账户也出现小幅逆差局面，人民币贬值预期强烈，资本外逃情况凸显。为保持国际收支平衡、防止国外金融危机传染，维护汇率稳定，中国连续下调利率，适度放松银根，并采取了以"促平衡、保稳定"为特征的较为严格的资本账户外汇管理政策。

这一阶段的跨境资本流动管理政策主要针对资本外逃、套汇、骗汇和外汇黑市等非法活动。在坚持对外开放和人民币经常账户可兑换的前提下，中国政府不断完善外汇管理法规、加大外汇执法力度。如加强对外商投资企业联合年检的质量管理、规范货到付款模式下结售汇的真实

---

① 1996 年 3 月 1 日起，中国在上海、深圳、江苏、大连四个地区进行外商投资企业结售汇试点，同年 7 月起全面推广，并按照经常账户可兑换的要求修改了结汇、售汇和付汇管理办法，外商投资企业被纳入银行的结售汇体系。

性审核、完善保护区外汇管理办法、规范对引进无形资产结售汇的管理、规范国内逾期外汇贷款偿还、强调对资本项下交易的批注和登记等，旨在防止资本项下短期游资混入经常账户下造成国际收支失衡和对人民币汇率形成不利冲击。

6.2.3 推改革、防外逃（2001—2002 年）

进入 2000 年后，中国的国际收支状况得到明显改善，再次回到经常账户与资本和金融账户"双顺差"的局面，外汇储备平稳增长，资本管制压力逐渐减小。外汇管理部门在 2001 年首次提出"由直接管理向间接管理过渡，由事前管理向事后监督过渡"的基本思路，不断简化手续，逐渐淡化事前审批，加强事后登记，部分真实性审核由授权银行执行，外汇管理局主要进行政策引导和间接管理，包括：

（1）更多地利用利率政策和汇率政策，利用价格杠杆调节国际收支状况；

（2）提高管理效率，将资本账户的监管重点从全面铺开转向监管短期资本流出流入和防范资本外逃上来；

（3）建立全面有效的资本账户预警机制，增强可预测性，制定金融风险的防范措施。

中国外汇管理局进一步规范放松资本账户管制，审慎开放资本账户，具体措施包括：鼓励境内外直接投资，积极引导外商投资高新技术产业和基础设施领域，并允许外商投资金融、保险、证券等行业，允许组建中外合资证券经营公司，从事 A 股承销、B 股和 H 股、政府和公司债券的承销和交易以及发起设立基金，同时允许国有企业和含国有股权的公司将全部资产和主要资产出售给外国投资者，也可以通过增资扩股吸引外国投资者（李婧，2006）。

在放松资本管制的同时，一些银行和证券公司出现违反外汇管理政策的行为，出现了资本外逃和国企外汇资金非法入市的问题。因此，中国央行将监管重点放在短期跨境资本流动管理和防范资本外逃上，包括禁止外商投资企业以外币发放工资、对旅行团出境的外汇作严格审查，以及打击银行资金违规入市，还建立了出口收汇系统，并在全国推广使用。

6.2.4 控流入、促流出（2003—2014 年）

2003 年以后，中国国际收支"双顺差"额度均大幅上升，外汇储备迅速上升，2014 年初，外汇储备额度已经达到 3.99 万亿美元，达到历史最高值。这十多年期间，中国利率与美国利率一直存在正向利差，人民币一直处于单边升值状态，这导致大量国际资本流入，而且人民币升值预期与国际资本流入相互促进。为了维护人民币汇率稳定，中国央行不得不进行大量对冲操作，货币政策独立性面临挑战。因此，这一阶段中国跨境资本流动管理呈现出"控流入、促流出"的特征，主要目标是减少国际资本大量流入带来的货币政策独立性压力，维护人民币汇率稳定。中国政府出台了一系列政策鼓励对外直接投资，鼓励国内银行、证券机构和保险机构进行境外金融投资；同时也采取了部分措施控制国际资本流入，统一中外资银行向境内机构发放贷款管理制度等。

根据国际货币基金组织发布的《汇率安排与汇兑限制年报》，这一阶段，中国资本账户可兑换步伐明显加快，但整体资本管制程度仍然较高，如表 6.1 所示。

表 6.1　　　　　　　中国资本账户可兑换限制明细表

	不可兑换	部分可兑换	基本可兑换	完全可兑换	合计
资本和货币市场工具交易	2	10	4		16
衍生品及其他工具交易	2	2			4
信贷工具交易		1	5		6
直接投资		1	1		2
直接投资清盘			1		1
房地产交易		2	1		3
个人资本交易		6	2		8
小计	4	22	14		40

注："可兑换现状"包括不可兑换、部分可兑换、基本可兑换、可兑换。其中，"部分可兑换"指存在严格准入限制或额度控制；"基本可兑换"指有所限制，但限制较为宽松，经登记或核准即可完成兑换。

资料来源：中国人民银行调查统计司课题组. 我国加快资本账户开放的条件基本成熟［J］. 中国金融，2012（5）：14 - 17。该表格是对国际货币基金组织 2011 年的《汇兑安排与汇兑限制》相关内容的整理。

从表6.1可以看出，中国资本账户不可兑换项目占10%，主要是非居民参与国内货币市场、基金信托市场以及买卖衍生工具；部分可兑换项目有22项，占比55%，主要集中在债券市场交易、股票市场交易、房地产交易和个人资本交易四大类。基本可兑换项目14项，主要集中在信贷工具交易、直接投资、直接投资清盘等方面（盛松成，2012）。

这一阶段，中国审慎推进资本账户自由化，逐步减少行政管制，逐步取消内资企业与外资企业间的差别待遇，由以往"宽进严出"的资本账户管理方式向"双向均衡管理"转变。

6.2.5 扩流入、控流出、降逆差（2015—2017年）

2014年第二季度后，中国国际收支发生了结构性变化，持续多年的"双顺差"局面转为经常账户顺差、资本与金融账户逆差，且逆差规模逐渐加大。误差与遗漏项连续12个季度为净流出，单季度平均净流出规模为498.39亿美元。人民币对美元汇率出现了大幅贬值，外汇储备急剧减少，资本外流压力持续加大，2015年"8·11"汇改后资本外流情况更加严峻。中国央行消耗大量外汇储备稳定人民币汇率，截至2017年7月，中国外汇储备规模降至3.08万亿美元。同时，中国央行加强和完善了跨境资本流动管理政策，此次跨境资本流动管理主要有两个特点：一是实行了资本流出和资本流入非对称性管理，资本管理的重点由原来的控制资本流入转向了控制资本流出，对资本流入的管理相对之前明显放松，而对资本流出的管理相对之前明显严格；二是强化了本外币全口径管理，在加强对外汇资金流出管理的同时，也加强了对跨境人民币资金流出的管理。事实证明，当时"扩流入、控流出、降逆差"的跨境资本流动管理政策的效果已经显现，进入2017年后，中国跨境资本流出压力有所减缓。但在美联储回归常规货币政策、美元逐步走强，以及国内经济增速下行等综合因素影响下，境内资本外流压力并未得到实质性缓解，可能还会继续存在一段时间。

从国际收支平衡表和银行收付款数据均可以看出，中国跨境资本流动规模呈现不断增加的趋势，并开始呈现新特征：国际收支"双顺差"

转为"经常账户顺差，资本与金融账户逆差"格局、单向流入转为双向流动且流动波动幅度加大、人民币单边升值预期发生逆转后，经济主体增持外币意愿由弱转强、中国外汇储备达到峰值后有所下降。鉴于中国跨境资本流动出现阶段性特征，中国政府实行了侧重点不同的跨境资本流动管理方式，旨在稳定经济发展，守住不发生系统性金融危机的底线。

通过以上分析，我们可以看出，当经济下行压力加大，人民币贬值预期加强时，中国境内投资者持有外币意愿增强，资本外流压力开始加大，为了防止大规模资本外流对经济形成的负面冲击，中国加强和完善了跨境资本流动管理政策。然而，出于保值增值和获取更高境外收益的多重目的，中国居民投资者以及企业和金融机构可能会通过多种隐蔽的非法渠道或采取与法律红线"擦边"却不越线的方法实现跨境资本流出，这不但带来监管困难，也可能引发局部金融风险。

6.3　宏观审慎目标和主要工具

中国人民银行较早在逆周期宏观审慎管理方面进行了创新性探索。2009年下半年，中国经济出现了复苏迹象，在扩大内需等一揽子经济刺激政策的带动下，人民币贷款快速增长。人民银行对此高度关注和警惕，提出应按照宏观审慎政策框架的原理设计新的逆周期措施。2010年，人民银行引入差别准备金动态调整措施，将信贷投放与宏观审慎监管要求的资本充足水平相联系，探索开放宏观审慎管理。2010年底的中央经济工作会议明确提出要使用宏观审慎工具。此后，人民银行不断完善宏观审慎政策，将差别准备金率动态调整机制升级为宏观审慎评估（MPA），逐步将更多金融活动和资产扩张行为纳入宏观审慎管理框架。从实践来看，宏观审慎政策框架在促进金融机构稳健审慎经营、维护金融系统稳定等方面发挥了重要作用，向全球输出了中国经验。党的十九大报告明确提出要健全货币政策和宏观审慎政策的双支柱调控框架。

6.3.1　目标

在第三章我们阐述了宏观审慎监管的目标是防范金融危机，关注金融系统风险的部分内生性特征而不仅仅只重视外生性风险。具体目标可以分解为两部分：一是限制金融风险的累积，降低金融危机的可能性或强度；二是增强金融体系对经济下滑和其他负面冲击的恢复能力。限制风险累积可以理解为对系统风险的事前预防，增强恢复能力是对系统风险爆发后的事后补救。具体到中国，宏观审慎的目标是抑制杠杆过度和顺周期行为，侧重于维护金融稳定。宏观审慎政策作为金融调控的第二根支柱，与货币政策相互补充相互强化，在防范系统性金融风险、营造良好的金融环境方面发挥重要作用。

针对跨境资本流动管理，宏观审慎的目标是克服资本流动的顺周期性和杠杆放大作用，实现汇率稳定和金融稳定。跨境资本流动的宏观审慎管理需要从逆周期调节加杠杆行为和抑制短期炒作行为入手，在资本流动两端操作，管控跨境资本的不规则流动。当存在较大的资本内流压力时，宏观审慎政策可通过提高借款门槛，改变资本流动规模并优化期限结构，抑制市场主体过度加杠杆行为和负债外币化倾向，控制货币错配和期限错配风险。在面临资本流出压力时，宏观审慎可以提高货币兑换和套期保值成本，抑制市场主体囤积外汇和外币负债去杠杆的"羊群效应"，还可以扩张市场主体的外部负债空间，吸引资本流入，控制顺周期性和市场传染。

6.3.2　主要工具

在第三章，我们从时间和空间两个维度归纳了宏观审慎几类工具，管理跨境资本流动的目的在于克服不规则的国际资本流动对经济和金融稳定的冲击。党的十八届三中全会明确提出了，有序提高跨境资本和金融交易可兑换程度，建立健全宏观审慎管理框架下的外债和资本流动管理体制，这表明了中国跨境资本流动的重点，相应地，也要求我们选择适当的监管工具。到目前为止，中国采用外汇风险准备金，正常存款准备金率来调控外汇市场流动性和跨境资本流动。对于跨境融资主要采用试点的方法进行宏观管理。

周小川行长在 2010 年谈到宏观审慎政策时，曾提到宏观审慎政策框架中应包含的内容，包括资本要求、流动性、杠杆率、拨备、评级、银行业务模式、衍生品交易与集中清算、会计准则、影子银行、激励机制等。这是更广范围的宏观审慎政策，相应也有具体的措施与工具。例如改进评级的措施，包括减少监管标准和法律法规对信用评级机构评级的依赖，减少市场对信用评级机构的依赖，中央银行应对流动性提供操作中获取的担保品作出自己的信用风险判断，金融机构不能机械地依赖信用评级机构评级来评估资产的信用情况，市场参与者和中央对手方不应把对手方或担保品资产的信用评级机构评级变化作为自动触发器，大幅、任意地要求调整担保品等。再如对激励机制的改革，美国《多德—弗兰克法案》要求美联储、货币监理署等六个金融监管部门联合制定薪酬规定，抑制美国一些大型金融公司过度冒险行为，涉及对象包括高管、交易中介和交易员。新规定要求一些大型金融公司延迟支付至少一半的高管奖金，推迟时间最高达四年，比行业通行做法长了一年。该计划还要求如果某位高管的行为对这些公司造成损害，或公司不得不重新发布财报的情况下，可以追回奖金，回溯期最短为七年。

6.4　货币政策与宏观审慎监管的配合

6.4.1　宏观审慎作为货币政策的补充

在管控跨境资本流动方面，传统的思路和做法是"堵"。长期以来，中国主要是靠行政型和数量型的资本管制手段。货币政策属于需求管理政策，具体包括货币供给量、信贷、利率、再贴现率、存款准备金率和公开市场业务等工具。货币政策的主要目标是实现经济增长、充分就业、物价稳定和维护国际收支平衡。防通货膨胀一直是中央银行最主要的任务和使命，具体而言，就是通过逆周期调节来平抑经济周期波动，维护物价稳定。

近三十年来，主流货币政策的框架是围绕单一目标（CPI稳定）和单一工具（政策利率）发展。但是价格稳定不等于金融稳定，经济周期之外还有金融周期，以CPI为锚的货币政策框架也存在缺陷，即使CPI稳定,资产价格和金融市场的波动也可能很大。比如,2003—2007 年全球经济上升时期,在此期间全球 CPI 涨幅基本稳定,但是同期初级产品价格和 MSCI 全球股指上涨了 93%,美国大中城市房价上涨了 56%,积累了巨大的风险(李波,2018)。看来货币政策的一只手不能够有效应对经济周期和金融周期。

货币政策的局限性体现在,第一,货币政策以 CPI 为目标,但是如果 CPI 本身出现偏差,就可能导致货币政策出现系统性偏差。第二,不同市场个体和经济主体之间存在异质性,冷热不均,货币政策作为总量调节工具不能够兼顾每个市场的"温度"。特别是对于中国这样的大国,各地区发展不平衡,差异大,总量调节往往达不到预期效果。第三,资产市场具有正反馈机制。股票和债券市场以及房地产市场,主要是正反馈机制在发挥作用,容易出现顺周期波动和超调,这使利率和价格机制失灵。所以,需要宏观审慎政策来进行逆周期调节。多年来,国内外都在讨论,货币政策要不要考虑资产价格,但是货币政策本身的特质,使其很难在实现货币稳定的同时保证金融稳定。因此,宏观审慎政策可以作为货币政策的补充,不再增加货币政策的目标,而是减少货币政策的负担,对杠杆水平进行逆周期调节,从而影响资产价格和收益率,影响金融市场行为,改善货币政策传导机制。在经济萧条和经济过热时通过松紧搭配,协调配合,形成合力。

6.4.2　建立"价格稳定"和"金融稳定"的双支柱框架

与危机前的"单一目标、单一工具"的货币政策框架不同,新的国际经济环境下,需要建立"价格稳定和金融稳定"的双支柱框架。其分配法则如表 6.2 所示。

表 6.2　　　　　货币政策和宏观审慎政策的分配法则

目标	货币政策	宏观审慎政策
核心目标	价格稳定	金融稳定
具体目标	CPI	防止金融系统风险,防止不规则跨境资本流动
解决问题	经济周期	金融周期

目标	货币政策	宏观审慎政策
工具	货币供给、信贷、利率、再贴现率、公开市场业务	时变工具（逆周期资本缓冲、动态贷款损失准备金率、贷款价值比、债务收入比）；结构工具（流动性覆盖率、净稳定融资比率、资本附加）
实践	数量手段和价格手段	主要为价格手段：2003 年第二套房首付比，2010 年差别准备金动态调整机制，2016 年升级为宏观审慎评估体系、正常存款准备金、外汇风险准备金
未来任务	利率市场化和汇率市场化	在资本流动两端建立价格型监管机制，如托宾税

资料来源：作者整理。

2008 年国际金融危机爆发后，中国已经尝试了货币政策和宏观审慎政策的配合。2014 年第二季度，中国国际收支发生结构性变化，受中美经济周期不同步和货币政策分化的影响，中国面临资本流出压力。2015 年 8 月 11 日，中国人民银行完善了人民币中间价报价机制，提高了人民币汇率的市场化水平。但是由于市场悲观情绪的作用，市场上对美元产生强烈需求，境外投机者融出大量人民币，为了打击投机活动，央行采用对境外金融机构境内存放资金执行正常存款准备金率的办法，冻结了部分离岸流动性，完善了对跨境人民币资金逆周期调节的长效机制。针对国内加工企业利用跨境贸易人民币结算渠道，进口企业套取远期汇差等行为，央行采取了外汇风险准备金办法，即要求金融机构按其远期售汇（含期权和掉期）签约额的 20% 缴存外汇风险准备金，并提高了跨境人民币购售业务存在异常的个别银行购售平盘手续费率，旨在通过价格手段抑制部分企业及境外主体汇率方面的投机行为。2017 年 9 月，当市场环境转好，人民银行又调整了上述政策。

2018 年第二季度以来，受贸易摩擦和国际外汇市场变化等因素影响，外汇市场出现了一些顺周期波动的迹象。为防范宏观金融风险，促进金融机构稳健经营，加强宏观审慎管理，中国人民银行决定自 8 月 6 日起，将远期售汇业务的外汇风险准备金率从零调整为 20%。

2018 年，为贯彻落实党的十九大精神和全国金融工作会议要求，有效防范化解金融风险，中国人民银行会同有关部门制定出台《关于规范金融机构资产管理业务的指导意见》（以下简称《资管新规》）。2018 年 3 月 28 日，中央全面深化改革委员会第一次会议审议通过了《资管新规》。经国务院同意，4 月 27 日，人民银行、银保监会、证监会、外汇管理局联合发布《关于规范金融机构资产管理业务的指导意见》（银发〔2018〕106 号），按照产品类型统一监管标准，核心在于弥补监管短板、治理市场乱象、防范系统性风险。2018 年 9 月以来，银行理财、银行理财子公司、证券私募资管等行业细则发布实施，在《资管新规》的总体框架下，进一步明确各行业资管业务监管要求，推动资管业务回归本源，引导资管资金以合法、规范形式进入实体经济和金融市场。[①]

可见，货币政策和宏观审慎政策的初步配合，较好地应对了复杂经济形势的挑战，提高了货币政策的独立性，维护了我国的经济和金融安全。未来需要中国逐步完善"双支柱框架"，提高自身的治理水平。

6.5　审慎开放资本账户的步骤

在"双支柱"框架下，需要具体设计审慎开放资本账户的步骤。国际经验和市场观察均表明：发展中国家需要在自主、可控、渐进原则下实现适度、有序、审慎的资本账户开放，构建一个有管理可兑换的资本账户开放框架（丁志杰和田园，2016）。中国资本账户自由化不宜在利率自由化和汇率自由化之前，建议与利率改革和汇率改革嵌套式统筹推进，在遵循"先开放流入后开放流出、先开放长期后开放短期、先开放直接后开放间接、先开放机构后开放个人"的原则下，可以采取"利率自由化—资本账户部分自由化—汇率自由化—资本账户完全自由化"的路径（盛松成等，2012；方显仓和孙琦，2015；胡逸闻和戴淑庚，2015）。利率自由化意味着国内金融市场基本功能健全，能够较好地发挥资产配置的基础作用，适度扩大开放投资和商业信贷等资本账户有利于吸引国际资本，促进国内金融市场发展，提升国内金融机构的市场竞争力和抗风险能力。但是在汇率自由化之前，不宜过多开放证券市场和货币自由兑

---

① 中国人民银行，《中国货币政策执行报告》，2018 年第四季度，第 15 – 16 页，www. pbc. gov. cn。

换等子项，以避免国内金融市场遭受套汇投资资本冲击，待人民币汇率实现自由化并基本实现外部均衡后，可逐渐放开证券市场及其他项目。这一路径是利用资本账户自由化形成的市场调节机制（跨境资本流动）来实现人民币价值内部均衡（利率市场化）向外部均衡（汇率市场化）的转化，在嵌套式统筹推进国内改革和对外开放的情况下，最大限度地维护国内金融稳定和可持续发展。资本账户自由化的具体步骤可以分为如下几个阶段。

第一阶段，放松具有真实交易背景的直接投资管制，鼓励中国企业"走出去"，并积极参与"一带一路"建设。直接投资较为稳定，对经济发展的促进作用远大于对经济的冲击。事实上，中国已经在积极推进中国企业进行境外投资，扩大中国企业的市场占有率和国际影响力。当前，中国过剩的产能促进了对外直接投资，雄厚的外汇储备为对外直接投资提供了充足的外汇资金，这有利于中国进一步放松对具有真实背景的直接投资的管制。值得注意的是，这一过程中也要提高对外直接投资的监管效率，防止以对外直接投资为名进行境外资本转移，造成大规模资本外逃。

第二阶段，放松具有真实贸易背景的商业信贷管制。有真实贸易背景的商业信贷与经常账户密切相关，稳定性较强，风险相对较小。随着中国进出口贸易总量的上升，中国企业在国际贸易、投资及各项金融活动中的地位越来越高，投融资需求也越来越大。放松商业信贷管制，有利于满足中国企业境内外融资需求，改善企业融资难状况，也有利于中国银行业形成良好竞争环境。

第三阶段，在推进证券市场开放的趋势下，审慎推进不动产、债券交易和股票市场交易开放。不动产、债券及股票交易与真实经济需求有一定联系，但很多情况下难以区分真实投资性需求和套利投机性需求。同时，在不同的经济发展阶段和不同的国内外经济环境下，证券市场开放对金融稳定的影响也具有一定的差异性。因此，中国政府应遵循"先一级市场后二级市场""先非居民国内交易，后居民国外交易"的开放原则，并持续关注证券市场开放过程中对中国金融市场的正反双向影响，及时相机调整开放策略，有效避免证券市场开放对国内金融稳定带来的负面影响，确保金融稳定。

第四阶段，根据实际经济情况，择机开放个人资本交易、与资本交易无关的金融机构信贷、货币市场工具、集合投资类证券、担保保证等融资便利、衍生工具、外汇自由兑换等资本账户子项。这些资本账户子项衍生需求强，风险大，监管难度大，应当进行审慎、渐进、可控式开放，必要时需加强资本管制。

随着家庭财富增长，家庭将成为跨境资本流动的重要主体。当前，合理引导中国家庭境外资产配置是资本账户渐进开放过程中的重要任务。

首先，可以逐步扩大合格境内机构投资者 QDII（Qualified Domestic Institutional Investor）、合格境内个人投资者 QDII2（Qualified Domestic Individual Investor）和人民币合格境内机构投资者 RQDII（RMB Qualified Domestic Institutional Investor）的审批额度，简化申购和审批手续，实现可测可控范围内引导中国投资者跨境资产配置。

其次，可逐步放松对个人跨境人民币业务结算的管制。一直以来，跨境人民币业务主要是依托企业贸易，个人跨境人民币业务进展缓慢。2005 年，我国香港和澳门率先启动个人跨境人民币业务，香港和澳门居民可每日向内地同名账户汇入不超过 8 万元人民币。2014 年 6 月，央行开放个人跨境贸易人民币结算业务，允许银行为个人开展的货物贸易、服务贸易跨境人民币业务提供结算服务。而从 2015 年开始，上海、天津、福建和广东四大自贸区相继出台规定，允许自贸区内个人办理经常项目下跨境人民币结算业务，但在全国范围内，除了货物贸易和服务贸易之外的其他经常账户下的个人跨境人民币业务，仍然未能完全放开。直到 2018 年 1 月 6 日，中国人民银行发布了《关于进一步完善人民币跨境业务政策促进贸易投资便利化的通知》，明确了凡依法可使用外汇结算的跨境交易，企业都可以使用人民币结算；同时个人项下雇员报酬、社会福利、赡养家庭款等也可以使用跨境人民币结算；便利境外投资者以人民币进行直接投资；取消了相关账户开立和资金使用等有关方面的限制；明确了境内企业境外发行债券、股票募集的人民币资金可按实际需要调回境内使用；进一步简化管理流程，便利企业日常运营。这将有助于完善人民币跨境业务政策，便利市场主体开展跨境贸易和投融资活动，帮助市场主体规避汇率风险，降低财务成本。

再次，可适当扩大内地与香港离岸人民币市场的基金、保险等业务的范围和额度，这既可以以此为试点，推进内地投资者跨境投融资，又可以增加离岸市场人民币流动性，促进人民币贸易结算，扩大人民币在国际支付和储备中的比重甚至推动人民币国际计价。

最后，依托沪港通、深港通和债券通的互联互通，优化跨境资产配置。推动沪港通和深港通发展的重要动力之一便是中国家庭投资需求多样化。一直以来，中国家庭持有最多的资产类别是银行存款和住房资产。随着财富水平的上升，中国居民越来越希望进行多币种、多市场的组合投资，以平衡各种风险，而且这种需求越来越大。此外，中国企业已经从以吸引国际投资为主，转变为逐步拓展对外投资，2015 年中国对外直接投资额已超过外商在中国的直接投资额，中国企业也展现出强烈的跨境资产配置需求。沪港通和深港通提供了良好的跨境资产配置平台，在未来，香港与内地的连通还将会继续延伸和拓展，如从股票的二级市场延伸到一级市场，从股票市场延伸到货币和固定收益产品市场，进而延伸到大宗商品市场等。2017 年 7 月，债券通正式开通，旨在推进内地与香港债券市场交易，目前开通的是"北向通"，即境外投资者通过内地与香港债券市场基础设施的互联互通，投资于内地银行间债券市场，可在其运行平稳后，适时开放"南向通"，积极、合理引导内地投资者投资香港债券市场。

总之，要审慎开放资本账户，充分估计资本账户开放带来的风险和挑战，加强对短期资本流动的监管，防止投机资本大规模流动和影响国内金融稳定，同时也要满足中国家庭多元化境外资产配置的市场化意愿，合理引导境外资产配置方式，实现跨境资产配置可控可测。这需要中国尽快健全宏微观审慎监管框架，加强抵御外部风险的有效性，努力在开放和稳定之间找到恰当的平衡点。

6.6 构建宏微观审慎管理框架

长期以来，跨境资本流动对全球宏观经济和金融稳定带来诸多挑战和不确定性，而国际跨境资本流动一直缺乏统一的管理框架。2008 年国际金融危机后，实施资本管制的国家比资本账户自由化的国家普遍相对更好地应对了资本大规模外流对宏观经济和金融稳定的冲击。2010 年之前，IMF 一直鼓励资本账户自由化，2010 年初的《全球金融稳定报告》开始鼓励以宏观经济和审慎政策应对跨境资本流动，必要时可以资本管制作为补充工具。2012 年底和 2013 年 4 月，IMF 相继发布了制度观点和指引性文件，这些政策文件涉及跨境资本流动管理工具（Capital Flow Management Measures，CFMs）及其运用、跨境资本流动监管方式、资本账户自由化设计等，形成了一个比较完整的跨境资本流动管理框架。

6.6.1 IMF 的跨境资本流动管理框架

IMF 框架下的跨境资本流动管理工具指为抑制资本流动而采取的各种措施，大致可分为两类：一类是针对跨境资本交易的管理工具，如行政管制、税收等，即通常所说的资本管制；另一类是其他跨境资本流动管理工具，主要指一些审慎政策，如外币借款限制、本外币存款差别准备金率、外资最低停留期限、外资金融机构最低资本充足率要求等。

一直以来，国际资本流动监管框架主要是由区域性合作组织（OECD、EU 等）的近 3000 个地区性或双边投资协定、自由贸易协定等组合而成，这些协定对跨境资本流动的态度差异性很大。2012 年 6 月，IMF 通过综合监管决定（Integrated Surveillance Decision，ISD）形成优化的监管框架，在这一框架下，IMF 通过双边监管和多边监管方式评估成员国的国际收支发展状况，讨论政策发展方向，并提出相关政策建议。

6.6.2 构建中国跨境资本流动宏微观管理框架

IMF 的跨境资本流动管理框架对中国构建宏微观审慎管理框架具有良好借鉴意义。中国"十三五"规划明确提出：推进汇率和利率市场化，

154

有序实现人民币资本账户可兑换，稳步推进人民币国际化。这意味着随着汇率市场化和金融自由化的不断深入，中国的国际影响力将向货币金融领域进一步延伸，未来中国跨境资本流动管理框架将发生重要变化，形成宏观功能与微观监管相对分离的体系（径山报告，2017；管涛等，2017）。

首先，跨境资本流动的宏观管理工具以实现国际收支平衡、防范系统性金融风险并最终达到对内平衡为目标。在宏观层面，要构建资本管制和宏观审慎两个维度的管理框架，尽快完善服务宏观目标的政策工具类型。在资本管制和宏观审慎两个维度下，跨境资本流动宏微观审慎管理框架的目标是：促进实体经济增长、维持物价稳定和充分就业，即对内平衡。其中，资本管制的中间目标是国际收支平衡，在开放经济条件下，国际收支总量差额会直接影响外汇市场供求，改变货币当局外汇占款和基础货币投放规模，从而对货币供给形成显著影响。这是国际收支总量指标与经济增长、物价稳定等最终目标建立起紧密且直接关系的关键。此外，宏观审慎跨境资本流动管理的目标是防范跨境资本流动相关的系统性金融风险，这既包括金融领域的风险，也包括企业和个人领域的跨境资本流动风险。

其次，跨境资本流动的微观管理工具以实现推进资本账户可兑换、汇率市场化以及多元化的监管为目标。在微观层面，跨境资本流动管理要区分监管与调控，监管要去"宏观调控功能"，保持监管体系的基本稳定。微观管理要着力以下几个方面：第一，逐步推进资本账户可兑换，服务贸易投资便利化，对于存在较高风险的资本账户项目，要结合国内外经济形势变化审慎推进，必要时可保留审慎监管或资本管制要求。第二，转变外汇管理方式，增加外汇市场深度和广度。这包括：不断完善外汇衍生品品种，进一步满足市场主体外汇资产负债管理需求，发展汇率 ETF（Exchange Traded Funds）、外汇保证金等交易型业务。第三，支持境内个人有序参与境内外汇市场，满足投资者多元化资产配置和进行汇率风险管理需求；放松证券、基金等非银行金融机构在银行间外汇市场的交易限制；允许合格境外主体进入境内外汇市场等。第四，构建以负面清单为基础的微观管理新体制，做好对现有存量的行政管理体系的便利化改革，同时把监管的重点从事前转向事中、事后，强化真实性、合规性监管。同时，构建本外币一体化的跨境资本流动监测体系，强化对企业和家庭跨境资金流动的跟踪监测，全面、真实监测跨境资本流动情况，监管对象既包含净资本流动也包含总资本流动（陈卫东和王有鑫，2017；范小云等，2018）。

6.6.3 相机采用跨境资本流动管理措施

审慎实现资本账户自由化是中国深化对外开放的内在要求，但是资本账户自由化并不代表不进行跨境资本流动管理。一般情况下，资本账户开放后，一定规模的资本流出及波动属于正常的经济金融现象，对此并不需要使用专门的资本流动管理措施。但是，当面临金融危机或临近危机时，若出现资本大量集中外流，可能引发本币大幅贬值及国际储备耗尽的风险，这时候相机采用跨境资本流动管理措施，赢得宏观政策调整和金融稳定的时间是很有必要的。可采用的跨境资本流动管理工具及特点如图 6.15 和表 6.3 所示。

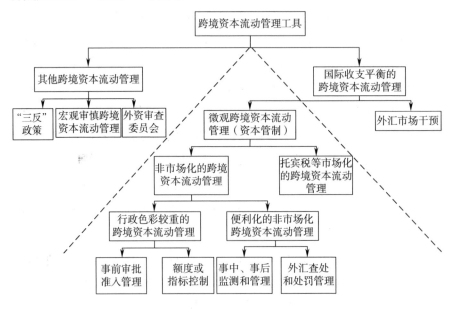

图 6.15 跨境资本流动管理工具示意图

资料来源：中国金融四十人论坛. 2017 径山报告［R］. 2017.

表 6.3　　　　　　　　　　跨境资本流动管理工具特点

名称	资本管制	外汇市场干预	宏观审慎	"三反"政策	外资审查
目标	国际收支平衡	国际收支平衡	防范金融风险	防止金融犯罪	维护国家安全
对象	非居民	非居民	外币	没有限制	非居民
主体	所有主体	所有主体	金融机构	所有主体	外资企业
特征	相机抉择	相机抉择	规则监管为主	规则监管	规则监管
频率	临时性措施	临时性措施	长期使用	长期使用	长期使用

资料来源：中国金融四十人论坛 . 2017 径山报告［R］. 2017.

从图 6.15 和表 6.3 可以看出，中国跨境资本流动管理框架主要分为宏观审慎管理和微观跨境资本流动管理两个维度，从规则上看，分为相机抉择类和规则监管类。以宏观审慎为代表的规则监管类适用于一般情况下的跨境资本流动管理，当面临金融危机或对国家金融稳定形成负面冲击的情况时，可相机采用临时性政策，实行有针对性的行政性资本管制、外汇市场干预实行对称性管理或非对称性差别管理。应当明确的是，这种相机抉择的资本管制或行政干预只是应对危机情况的补充政策，为国内宏观经济政策调整和经济恢复争取时间，能一定程度上防范金融风险或金融危机带来的负面冲击，并不能从根本上解决跨境资本流动的有效管理难题。

6.6.4　尝试使用托宾税

建立和完善市场经济体制是新兴市场国家结构调整的方向，在跨境资本呈双向流动的背景下，选择托宾税作为价格型资本管制工具之一是大势所趋。在第四章对托宾税的国别实践考察后，我们发现单一的托宾税对跨境资本流动管理有局限性，不能夸大价格型资本管制工具的作用。此外，还应具体问题具体分析：首先，现阶段新兴市场国家普遍面临资本持续流出的问题，中国也是如此，而马来西亚和韩国的资金流出端托宾税实践均算不上成功；其次，中国利率市场化改革、汇率市场化改革进程落后于巴西、智利等国家，这关系到能否建立可信的汇率目标区；最后，纵观全球，世界经济增长动力减弱，新兴经济体增长速度放缓，发达国家经济复苏，世界经济增长呈现"新常态"，中国使用托宾税需要考虑时机问题。鉴于此，我们提出使用托宾税的以下建议。

1. 考虑在资本流入端征税管理

对于中国等新兴市场国家而言，资本流入端管理远比资本流出端管理更容易、更有效。虽然现阶段跨境资本外流是主要问题，但如果流入端得到妥善管理，就能降低未来跨境资本大规模流出的风险。因此，进行托宾税方案设计时，可考虑在资金流入端征税，采取无息准备金或金融交易税。建议外汇管理部门密切监视跨境资本流动规模，及时调整政策，在征税时遵循"资本在境内停留时间越短，征收税率越高"的原则。

2. 托宾税应与其他宏观经济政策搭配

托宾税的成功实践离不开合理的制度供给和稳定的经济基本面。因此，中国使用托宾税管理跨境资本流动时，应将其作为宏观审慎政策组合工具之一，与财政政策和货币政策等其他宏观经济政策相配合，使托宾税更好地发挥作用，达到调节经济内外均衡的目的。

3. 将托宾税作为短期跨境资本管理工具

实施托宾税的国别经验表明，托宾税只是短期的资本管制工具，不宜长期使用。在设计托宾税方案时，应灵活调整税率，建立跨境资本流动监测平台，密切关注资金的流向、规模，及时调整征税资产项、税率，以便实现管理目标。此外，还应加强国家和地区间的协调合作，建立金融安全网。

4. 借鉴两级托宾税，建立可信汇率目标区

在设计托宾税方案时，选择合理的征税节点尤为重要。在实践中，中国可借鉴两级托宾税理论，当汇率波动超出正常浮动范围时，确定征税时机。对于未实现汇率浮动的国家而言，前提是建立可信的汇率目标区，尽快完成汇率市场化改革。

5. 引入非线性托宾税

非线性托宾税①是指对资本流动征税，边际税率随资本流量增大而增加。在以往托宾税实践中，巴西和智利没有区分资本流量，而是征收统

---

① 非线性托宾税概念由上海财经大学、复旦大学、香港中文大学、亚洲开发银行共同合作组建的"非线性资本流动税与金融危机防范"项目组 2016 年 7 月首次提出。

一比例税收，这一做法使托宾税的效应没有得到最佳发挥。因此，建议引入非线性托宾税，在区分资本停留时间的同时，对资金流量实行差额税率，有效抑制短期投机资本的冲击。

6.7 国际协调与合作

经济全球化使各国经济紧密联系在一起，这是一个趋势，危机的经历表明，任何一个国家都不可能在危机中独善其身，每个国家都有责任和义务维持全球经济和金融稳定。在发达国家危机后提供全球公共产品的能力下降的情况下，更需要倡导国际协调与合作，建立起长效机制，避免危机的发生，当危机来临时，能够最大限度地减少危机的破坏性。

6.7.1 积极参与国际监管合作

6.7.1.1 国际监管体系现状

在美国次贷危机中暴露出来的国际金融监管体系的最大缺陷，是缺乏全球范围内负责金融监管的统一协调机构。IMF、国际清算银行、巴塞尔委员会、各会计准则委员会以及各国金融监管当局，在对金融机构的跨境经营监管上各自为战，这就造成了监管重叠、监管真空和由于标准不一致而产生的多头干预并存的局面。为了解决全球范围内跨境金融监管的协调实施平台的缺乏问题，2009 年 4 月的伦敦 G20 峰会决定设立一个全球的金融监管体系，金融稳定委员会（Financial Stability Board，FSB）在此背景下应运而生，并于 2009 年 6 月 27 日正式开始运作。FSB的成员机构包括 20 多个国家的央行、财政部和监管机构以及主要国际金融机构和专业委员会。中国财政部、中国人民银行、银保监会以及中国香港金融管理局均为该委员会的成员机构。FSB 的具体职能包括：评估全球金融系统脆弱性，监督各国改进行动；促进各国监管机构合作和信息交换，对各国监管政策和监管标准提供建议；协调国际标准制定机构的工作；为跨国界风险管理制定应急预案等。张明（2010）认为，FSB 最重要的职能，就是成为各国政府、国际组织、国际标准制定机构以及各类负责具体金融监管以及制定监管规则的机构之间进行信息沟通与交流的平台。各类监管者能够在 FSB 的框架下互通有无、统一监管理念与监管实践，从而在最大限度上抑制监管套利，通过在全球范围内推行宏观审慎监管来防范系统性风险的爆发以及将危机的破坏性限制在最小限度内。

全球金融危机的爆发提示了全球范围内跨境金融监管机制的缺失，进而将 FSB 塑造为未来实施跨境金融监管的重要平台，这对未来一系列跨国监管措施的出台具有重大意义。然而，这个平台能否发挥建立者所预期的作用目前尚有一些关键问题需要解决。

在与现存国际机构重叠职能的整合方面，黄范章（2010）指出，目前的金融稳定委员会是联合国框架之外新形成的合作组织，它如何与已有的 IMF 和世界银行等金融合作机构进行合作与联系，如何赋予原有合作机构以新职能而在新国际金融秩序中起到重要作用等都是亟待解决的问题。举一个具体的实例来讲，金融稳定委员会成立后，原属于 IMF 职责的国际金融市场整体监测任务似乎更多地由金融稳定委员会承担，如何将 IMF 的宏观经济监测与 FSB 的金融市场监测整合到一起，成为目前国际社会短期内面临的一大难题。

而在监管规章的制定方面，FSB 表示，它们已经完成了针对金融系统意义重大的大型机构设立监管者协会的任务。委员会将很快制定出一套规定，确保这一协会的持续运行。而孙立坚（2009）对这统一规定能得到多少国家的响应表示了质疑：一方面，过分严格的规定和资金储备要求会压缩处于金融创新发展阶段的新兴国家原本就不多的金融利润；另一方面，美国、新加坡这样的银行主导的市场体系国家未必能够接受比本国更加严厉的监管规定。

另外，在话语权的分配方面，从委员会负责人的人选可以看出，FSB 扩大了欧洲话语权，但新兴国家的话语权并未得到体现。2008 年金融危机就体现出拥有绝对话语权的美国自身监管的不足，FSB 此种话语权的分配对根除全球体系弊病并无益处。

6.7.1.2 跨国金融监管体系改革方案

对于金融全球化环境下的金融监管，学术界一直有着两种不同的取向：监管竞争与监管合作。陈启清（2008）通过一个两国博弈模型分析得出，在长期中合作策略将是博弈方最优的策略选择。这为国际金融监管合作取得了理论上的支持。

胡锦涛在2009年9月的匹兹堡峰会上就国际金融监管体系提出的两点建议也表明，中国正在与世界各国向着监管合作迈进。建议的具体内容包括：一是国际金融监管体系改革应该触及最根本的监管原则和目标，未来金融监管体系要简单易行、便于问责；二是加强金融监管合作，扩大金融监管覆盖面，尽快制定普遍接受的金融监管标准。

宋宪伟（2009）认为，美元体制短期内不会改变，世界各国国情不同，所以现阶段最可行的方法是建立由双边治理、地区多边治理和全球多边治理构成的国际多边治理机制。蒋定之（2009）在全球金融危机背景下对国际金融监管体系提出了九点改进意见：（1）改革单极国际货币体系，稳步推进国际货币体系多元化；（2）扩大金融监管范围，实现对所有金融机构、金融产品和金融市场的公平监管；（3）加强薪酬激励机制监管，避免市场操作人员和金融机构的短期冒险行为；（4）健全金融监管协调机制，着力防范跨行业跨境风险；（5）重新审视随行就市的会计准则，避免经济景气时产生泡沫，经济困难时资金短缺；（6）推动金融机构业务模式的理性回归，由转移风险转向对风险的主动管理；（7）改进银行风险管理，保证交易透明；（8）辩证看待金融产品创新，确保金融创新与风险管理能力相适应；（9）转变金融市场中的竞争模式，从自由竞争模式转向责任竞争模式。黄范章（2009）也从此次金融危机出发，认为应推行金融监管国际化，即金融监管的国际合作，应就金融监管合作的理念、原则和方式达成共识和做出承诺，形成有力的而又具有一致性的跨国、跨地区甚至全球的监管合作机制，建立有效和及时的信息共享机制、风险预警机制。

6.7.1.3　中国参与监管合作的方式

中国是否参与国际监管？现在的答案是肯定的。中国要参与全球化，要建立全新对外开放体制，必须要参与监管合作。

郭春松和朱孟楠（2004）从中国的角度出发，指出目前我国金融监管的难度较大，并从五个方面提出了中国可采取的应对措施：（1）积极参加国际金融监管组织，努力使监管标准与国际接轨；（2）促进双边监管当局的合作与往来，提高金融体系的稳定性；（3）加强国内监管当局的协调与合作，提高监管效率；（4）加强对网络银行的监管，防范网上交易带来的各种风险；（5）增进亚洲货币合作，提高人民币汇率的灵活性。

国内学术界已在是否选择监管合作这一问题上达成共识。但是国内学者对国际金融问题的研究起步较晚，并且由于中国资本账户尚未开放，大多数研究缺乏针对性。

表6.4　　　国内学术界关于国际金融监管体系及其改革的讨论

针对问题	代表学者	结论
是否应当进行国际金融监管合作	陈启清（2008）	是
在何种背景下进行金融监管合作及改革	宋宪伟（2009）	美元体制下进行
	蒋定之（2009）	在推进国际货币体系多元化中进行，并提出九点改革建议
中国如何参与	郭春松和朱孟楠（2004）	1. 积极参加国际金融监管组织，努力使监管标准与国际接轨；2. 促进双边监管当局的合作与往来，提高金融体系的稳定性；3. 加强国内监管当局的协调与合作，提高监管效率；4. 加强对网络银行的监管，防范网上交易带来的各种风险；5. 增进亚洲货币合作，提高人民币汇率的灵活性

资料来源：作者整理。

作为一个逐渐融入金融全球化、金融体系处于不断开放过程中的发展中国家，中国应积极参与国际金融监管体系改革。中国政府应积极参与BIS、巴塞尔委员会等国际金融多边组织的活动，尽快融入全球金融监管体系中去。作为二十国集团成员与金融稳定委员会成员，中国政府更应积极地参与未来国际金融监管标准的制定与实施，并在标准制定的过程中发挥应有的影响力。

6.7.2　积极巩固和参与区域或双边的货币金融合作

由于金融全球化和发达国家主导世界经济秩序，IMF层面的最后贷款人作用和对短期资本的管控已经存在局限，为实现金融稳定，区域和双边的，多层次的货币与金融合作就更加重要。

6.7.2.1　继续在亚洲货币金融合作方面精耕细作

亚洲金融危机爆发后，东亚区域范围内的货币金融合作逐渐受到了区域内政府和学术界的高度重视。近十年来，区域内的金融货币合作在亚洲金融市场、东亚外汇储备库、清迈协议（Chiang Mai Initiative，CMI）以及政策对话区域合作机制等方面取得了一些进展，在区域内汇率合作方面也提出了多种倡议。然而，东亚货币金融合作仍然面临着诸多困难：区域内的监督机制仍难付诸实践，CMI 中的双边互换缺乏统一的规则和实质性的约束力，东亚债券市场的规模和深度不够，区域内的官方对话机制尽管数目繁多但缺乏成效，等等。同时，面临着全球国际收支失衡、美元贬值、石油价格上涨等新的挑战，东亚区域内的货币金融合作也面临着一些重大的选择。特别需要指出的是，东亚货币金融合作一直未能有所突破，未能发展到有关汇率协调与合作的层面。但是，这并不意味着亚洲国家就不会有进一步的作为。中国、日本、韩国已经在亚洲货币与金融合作方面精耕细作多年，作为东亚的大国，三国都有加强合作、建立区域金融安全网络的需求。因此，需要巩固已有的研究成果，继续深耕细作。

6.7.2.2　继续落实和巩固双边货币和贸易合作

中国已经和很多国家央行签订了双边本币结算协议和货币互换协议，并和很多国家和地区签订了贸易合作协议，未来需要落实这些协议，加强经济联系，为金融稳定打下基础。

1. 促进人民币服务于双边贸易，完善和落实已经签订的双边本币结算协议

在人民币用于国际结算还没有得到国务院各部委认可的情况下，自 2002 年以来，中国已经陆续和老挝、尼泊尔、越南、吉尔吉斯斯坦、蒙古国、朝鲜等国家签订了双边本币结算协议（这些国家都是"一带一路"沿线国家）。最初，这些协议的签订是考虑到双边边境贸易的发展，认可边境贸易中使用人民币结算。随着 2009 年 7 月国务院推出跨境贸易人民

币结算试点，促进贸易和投资便利化后，这些协议就应涵盖更广的结算范围。例如，中国和俄罗斯2002年就签订了边境贸易中使用双边本币结算的协定，2011年，双方又签订了新的双边本币结算协定，涵盖边境贸易和一般贸易。2010年中国还和非接壤国家白俄罗斯签订了双边本币结算协定。这说明在业务范围上，本币结算不仅是考虑边境贸易，而且已经拓展到一般贸易，在空间上，不仅包括接壤国家也包括非接壤国家（见表6.5）。

表6.5　　　　　中国与部分国家签订的双边本币结算协议

国别	协定名称	签署日期
越南	中国人民银行与越南国家银行关于结算与合作的协定	2003.10.16
老挝	中国人民银行与老挝人民民主共和国银行双边合作协议	2002.02.04
尼泊尔	中国人民银行与尼泊尔银行双边结算与合作协议	2002.06.17
俄罗斯	中国人民银行与俄罗斯联邦中央银行关于边境地区贸易的银行结算协定	2002.08.22
俄罗斯	《2002年8月22日签署的中国人民银行与俄罗斯联邦中央银行关于边境地区贸易的银行结算协定》的纪要	2004.09.24
吉尔吉斯斯坦	中国人民银行和吉尔吉斯国家银行双边支付和结算协定	2003.12.18
蒙古国	中国人民银行与蒙古国银行关于支付和结算的协定	2004.07.05
朝鲜	中国人民银行和朝鲜中央银行双边支付和结算协定	2004.10.26
哈萨克斯坦	中国人民银行与哈萨克斯坦国家银行关于边境地区贸易的银行结算协定	2005.12.14
白俄罗斯	中国人民银行与白俄罗斯国家银行签订《中白双边本币结算协议》，这是中国与非接壤国家签订的第一个一般贸易本币结算协议	2010.03.24
俄罗斯	中国人民银行与俄罗斯联邦中央银行在俄罗斯签订了新的双边本币结算协定。协定签订后，中俄本币结算从边境贸易扩大到了一般贸易，并扩大了地域范围	2011.06.23

资料来源：作者根据中国人民银行网站发布的信息整理，www.pbc.gov.cn。

从表6.5可以看出，和中国签订本币结算协定的国家都是"一带一路"沿线国家，这表明，十几年来，协定双方就有使用本币结算的需求，随着双边贸易规模的扩大，沿线国家贸易规模的扩大，双边本币清算可能会更多地选择人民币。中国需要更好地落实这些协议，对协议下双边本币结算的情况进行调研，为企业支付便利创造条件。

2. 发挥央行双边本币互换协议的作用，为伙伴国提供人民币流动性

理论上，央行货币互换的目的是为危机国家提供短期流动性，是一种危机救援机制。中国和其他国家和地区的央行或货币当局签订的双边本币互换协议的目的不是为危机国家提供救援，而是在为其他国家提供人民币流动性的情况下，便于这些国家在贸易和投资中使用人民币，是人民币流动性的提供机制，是央行之间合作支持私人交易的一种形式。

截至 2018 年 11 月，中国人民银行与 39 个国家和地区的中央银行或货币当局签署了双边本币互换协议，协议总规模约 3 万亿元人民币。可以说，中国已经和很多"一带一路"的沿线国家签订了双边本币互换协议，下一步是如何发挥这些协议在双边贸易和投资中的作用，或者能够间接地解决沿线国家面临的经济问题。例如，中国人民银行行长周小川于 2015 年 9 月与塔吉克斯坦央行签署了双边本币互换协议，规模为 30 亿元人民币/30 亿索摩尼①，旨在促进双边贸易和投资，维护区域金融稳定。具体使用机制是，在双边企业贸易中，如当中塔企业贸易结算时以人民币计价，塔方企业需要人民币资金，则可直接支取 30 亿元人民币以内的额度，并以支取时的实时汇率计价。那么，如果塔方在互换协议期限内没有在贸易方面使用人民币的需求，也可以考虑塔国央行可用人民币做抵押，实现有限的货币扩容。2018 年 11 月中国和日本签订了货币互换协议，这有利于我国与日本央行之间的合作与沟通，在紧急情况下相互提供流动性支持，共同应对来自国际金融市场的冲击，维护金融稳定及我国经济发展的外部环境的稳定。

未来，中国重点争取与三类国家和地区签署货币互换协议。第一类是与我国贸易投资关系较为紧密，或发展潜力较大的国家和地区，如东南亚及"一带一路"沿线经济体。这对推动"一带一路"建设，扩大我国出口市场，规避美元波动风险，以及提升人民币国际地位有直接意义。

---

① 索摩尼是塔吉克斯坦的法定货币。

第二类是未来离岸人民币中心所在国家和地区，以及将来可能大幅增加人民币储备的国家和地区。这对保障离岸人民币流动性，以及稳定人民币汇率具有重要意义。第三类是我国主要的能源进口来源国。通过签署货币互换协议，推动能源贸易以人民币结算，将有利于对冲能源进口相关风险，维护我国能源安全。

此外还应该发挥其他区域机构在沿线国家建设和对外贸易与投资方面的作用。正在筹划中的亚洲基础设施投资银行（Asian Infrastructure Investment Bank，AIIB）将会在中国的主导下，为亚洲基础设施建设提供新的融资渠道。

3. 巩固和落实已有的双边和区域贸易合作协议

双边和区域贸易合作是货币和金融合作的基础。"一带一路"建设是一个长远目标，最终要建立覆盖海陆沿线国家的贸易投资网络和经济安全网络，概括起来是实现"五通"目标。

在贸易领域，中国已经和部分沿线国家和地区建立双边的和多边的自由贸易区。截至2018年9月，中国已与25个国家和地区达成了17个自贸协定，自贸伙伴遍及欧洲、亚洲、大洋洲、南美洲和非洲。分别是中国—马尔代夫、中国—格鲁吉亚、中国—澳大利亚、中国—韩国、中国—瑞士、中国—冰岛、中国—哥斯达黎加、中国—秘鲁、中国—新加坡、中国—新西兰、中国—智利、中国—巴基斯坦、中国—东盟内地、内地与港澳更紧密经贸关系安排、中国—东盟（"10+1"）升级、中国—智利升级和中国—新加坡升级。

中国正在与27个国家进行12个自贸协定谈判或者升级谈判，主要包括《区域全面经济伙伴关系协定》（RCEP）、中日韩、中国—挪威、中国—斯里兰卡、中国—以色列、中国—韩国自贸协定第二阶段、中国—巴基斯坦自贸协定第二阶段谈判，以及中国—新加坡、中国—新西兰自贸协定升级谈判等。

中国正在谈判的自贸协定有7个，涉及22个国家，分别是中国与海湾合作委员会（GCC）、澳大利亚、斯里兰卡和挪威的自贸协定，以及中日韩自贸协定、《区域全面经济合作伙伴关系》（RCEP）协定和中国—东盟自协定（"10＋1"）升级谈判、中国—巴基斯坦自贸协定第二阶段谈判（见表6.6）。

表6.6　　　　　　　　　　中国正在谈判的自由贸易协定

正在谈判的自由贸易协定	涉及国家
中国—海合会	沙特阿拉伯、阿拉伯联合酋长国、科威特、阿曼、卡塔尔和巴林
中国—挪威	挪威
中日韩	日本、韩国
区域全面经济合作伙伴关系（RCEP）	东盟十国、日本、韩国、澳大利亚、新西兰、印度
中国—东盟自由贸易协定（10＋1）升级谈判	东盟十个国家
中国—斯里兰卡	斯里兰卡
中国—巴基斯坦第二阶段谈判	巴基斯坦
中国—韩国第二轮谈判	韩国
中国—以色列	以色列
中国—挪威	挪威
中国—新西兰自贸协定升级谈判	新西兰
中国—毛里求斯	毛里求斯
中国—摩尔多瓦	摩尔多瓦
中国—巴勒斯坦	巴勒斯坦
中国—秘鲁自贸协定	秘鲁

资料来源：中国自贸区服务网，http：//fta. mofcom. gov. cn/。

另外，中国正在研究的自贸区包括，中国—哥伦比亚、中国—斐济、中国—尼泊尔、中国—巴新、中国—加拿大、中国—孟加拉国、中国—蒙古国、中国—瑞士自贸协定升级联合研究。

鉴于亚太地区存在数十种大大小小的自贸协定，中国在2014年11月结束的亚太经合组织（APEC）北京会议上决定，启动亚太自贸区（FTA-AP）进程，希望以一套"亚太交规"来打破自贸协定过于碎片化的"面条碗"困境。在这一问题上，中美已达成共识，双方将同其他成员一起落实好《APEC推动实现亚太自贸区北京路线图》，包括开展并在2016年APEC领导人会议前完成亚太自贸区联合战略研究。

中国与数十个国家和地区建立自由贸易区，通过降低关税和其他贸易保护措施，将有利于降低经济往来成本，提高资源配置效率，增进各国的福利，同时市场的一体化水平的提高也会产生对金融稳定的需求，有利于促进货币和金融合作。

参考文献

［1］ Bianconi G, Galla T, Marsili M, et al. Effects of Tobin Taxes in Minority Game markets ［J］. Journal of Economic Behavior & Organization, 2009, 70（1）: 231 –240.

［2］ Kirchler M, Huber J, Kleinlercher D. Market microstructure matters when imposing a Tobin tax—Evidence from the lab ［J］. Journal of Economic Behavior & Organization, 2011, 80（3）: 586 –602.

［3］ Crockett A. Marrying the Micro-and Macro-prudential Dimensions of Financial Stability ［R］. BIS Speeches, September 2000.

［4］ Ariyoshi, Akira, Habemeier, Karl Lauren, Bernard. Capital Controls Country Experiences with Their Use and Liberalization ［R］. IMF Occasional Papers No. 190, 2000.

［5］ Bianconi, Ginestra, Tobias Galla. Effects of Tobin Taxes in Minority Game Markets ［J］. Journal of Economic Behavior & Organizations, 2009, 70: 231.

［6］ BIS. Cycles and the Financial System ［R］. 71st Annual Report, 2001: 123 –141.

［7］ Borio C. Towards a macroprudential framework for financial supervision and regulation? ［R］. BIS Working Paper, No. 128, February 2003.

［8］ Kindleberger C. International Short-term Capital Flows ［M］. Columbia: Columbia University Press, 1937: 37 –53.

［9］ Lim C, Columba F, Costa A, et al. Macroprudential Policy: What Instruments and How to Use Them? Lessons from Country Experiences ［R］. IMF Working Paper, No. 238, October 2011.

［10］ Lim C H, Krznar I, Lipinsky F, et al. The Macroprudential Framework: Policy Responsiveness and Institutional Arrangements [R]. IMF Working Paper, July 2013.

[11] Chow G, Lin A. Best Linear Unbiased Interpolation, Distribution and Extrapolation of Time Series by Related Series [J]. Economic Statistics, 1971 (53): 372 –375.

[12] Crockett. Framework for Financial Supervision and Regulation [J]. CESifo Economic Studies, 2003, 49 (2): 18 –32.

[13] Dooley M P, Isard P. Capital Controls, Political Risk and Deviations from Interest-Rate Parity [J]. Journal of Political Economy, 1980, 88 (2): 370 –384.

[14] Edwards, Sebastian. Capital Mobility, Capital Controls, and Globalization in the Twenty-First Century [J]. Annals of the American Academy of Political and Social Science, 2002, 579 (1): 261 –270.

[15] Edwards, Sebastian. The Order of Liberalization of the External Sector in Developing Countries [M]. Princeton Essays in International Finance. No. 156, 1984.

[16] Barry E, Hausmann R. Exchange Rate and Financial Fragility [R]. NBER Working Paper, No. 7418, 1999.

[17] Falvey R, Kim C D. Timing and Sequencing Issues in Trade Liberalization [J]. Economic Journal, 1992, 102 (413) .

[18] Feldstein M, Horioka C. Domestic Saving and International Capital Flows [J]. Economic Journal, 1980, 90: 314 –329.

[19] Flood, Robert, Peter Garber. Collapsing Exchange Rate Regime: Some Linear Example [J]. Journal of International Economics, 1984a, 17.

[20] Francisco Nadal-De Simone, Piritta Sorsa. A Review of Capital Account Restrictions in Chile in 1990s [R]. IMF Working Paper, 1999. WP/99/52.

[21] Galati G, Moessner R. Macroprudential Policy: A Literature Review [J]. Journal of Economic Surveys, 2011, 27 (5): 846 –878.

［22］Haque N, Montiel P. How Mobile is Capital in Developing Countries? ［J］. Economic Letters 33, 1990: 350 – 362.

［23］Hoskisson R E, Eden L, Chung M L, et al. Strategy in Emerging Economies ［J］. Academy of Management Journal, 2000, 43 （3）: 249 – 267.

［24］Howell Zee. Keeping Capital Flowing: The Role of the IMF ［R］. IMF Working Paper, 2001, 04: 197.

［25］IMF. Recent Experiences in Managing Capital Flows-Cross-cutting Themes and Possible Policy Framework ［R］. IMF Working Paper, February 14th, 2011 （a）.

［26］Jain S C. Emerging Economies and the Transformation of International Business ［M］. UK&US: Edward Elgar Publishing, 2006.

［27］Jeanne O. Financial Liberalization and Macroeconomic Stability——Would a Tobin Tax Have Saved the EMS? ［J］. The Scandinavian Journal of Economics, 1996, 98 （4）: 503 – 520.

［28］Jeanne. Would a Tobin Tax Have Saved the EMS ［J］. Scandinavian Journal of Economics, 1996, 98: 503.

［29］Barry J R, Chris R. The Impact of Controls on Capital Movements on the Private Capital Accounts of Countries' Balance of Payments Empirical Estimates and Policy Implications ［R］. IMF Working Paper94/78, 1994.

［30］Johnston, Barry R. Sequencing Capital Account Liberalizations and Financial Sector Reform ［J］. IMF Paper on Policy Analysis and Assessment. Washington D C, International Monetary Fund, 1998.

［31］Gallagher K P, Griffith-Jones S, Ocampo J A. Capital Account Regulations for Stability and Development: A New Approach ［R］. Pardee Centre Task Force Report, March 2012.

［32］Krugman, Paul. Balance Sheets, the Transfer Problem, and Financial Crises ［J］. International Tax and Public Finance, 1999, 6 （4）: 31 – 55.

［33］Lone C, Alessandro P, Antonio L, and Thierry T. External Balance in Low-Income Countries [C]. NBER International Seminar on Macroeconomics ed. , 2010: 265 – 322.

[34] McKinnon R I. The Order of Economic Liberalization: Financial Control in the Transition to a Market [M]. Baltimore: Johns Hopkins University Press, 1991.

[35] Obstfeld, Maurice. The Logic of Currency Crises [R]. NBER Working Paper, No. 4640, 1994.

[36] Quirk P J, Evans O. Capital Account Convertibility: Review of Experience and Implications for IMF Policies [R]. IMF Occasional Paper No. 131. Washington DC, 1995.

[37] Reinhart C, Montiel P. The Dynamics of Capital Movements to Emerging Economies During the 1990s [R]. MPRA Papers, No. 7577, 2001.

[38] Reinhart V. The Tobin Tax, Asset Accumulation and the Real Exchange Rate [J]. Journal of International Money and Finance, 1991 (2): 36 – 41.

[39] Spahn P. International Financial Flows and Transactions Taxes: Survey and Options [J]. IMF Working Paper, WP/95, 1995: 172.

[40] Tobin J. A Proposal for International Monetary Reform [J]. Eastern Economic Journal. 1978, 4: 153 – 159.

[41] Tobin J. International Currency Regimes, Capital Mobility and Macroeconomic Policy [C]. No. 993 (Yale University), 1974.

[42] Tornell A. Real vs. financial investment can Tobin taxes eliminate the irreversibility distortion? [J]. Journal of Development Economics, 1990, 32 (2): 419 – 444.

[43] Williamson, John. Currency Convertibility in Eastern Europe [J]. Journal of International Economics, 1991: 192 – 195.

[44] Xu J. Noise traders, exchange rate disconnect puzzle, and the Tobin tax [J]. Journal of International Money & Finance, 2010, 29 (2): 336 – 357.

［45］ Xu J. Noice Traders，Exchange Rate Disconnect Puzzle，and the Tobin Tax ［J］. Journal of International Money and Finance，2009，29（2）：1 – 22.

［46］巴曙松，王璟怡，杜婧 . 从微观审慎到宏观审慎：危机下的银行监管启示 ［J］. 国际金融研究，2010（5）：83 – 89.

［47］保罗·克鲁格曼 . 国际经济学（国际金融部分）［M］. 8 版 . 北京：中国人民大学出版社，2009：102 – 108.

［48］曹媚 . 国际投机资本流入中国的贸易根源 ［J］. 世界经济研究，2009（7）：22 – 26.

［49］曾敏丽，卢骏 . 资本账户开放与金融不稳定的国际经验分析 ［J］. 国际金融，2012（9）：49 – 51.

［50］陈高翔 . 论托宾税与国际资本流动 ［J］. 税务研究，2005 （10）：9 – 14.

［51］陈启清 . 竞争还是合作：国际金融监管的博弈论分析 ［J］. 金融研究，2008（10）：187 – 197.

［52］陈卫东，王有鑫 . 跨境资本流动监测预警体系的构建和应用 ［J］. 国际金融研究，2017（12）：65 – 74.

［53］陈雨露，马勇 . 宏观审慎监管：目标、工具与相关制度安排 ［J］. 经济理论与经济管理，2012（3）：5 – 15.

［54］陈雨露，王玉 . 中国应当实施托宾税吗 ［J］. 税务研究，2007 （11）：11 – 15.

［55］邓敏，蓝发钦 . 国际资本流动的审慎管理——新兴市场经济体的经验 ［J］. 金融理论与实践，2012（2）：20 – 25.

［56］丁剑平，王君 . 中国和印度对资本项目开放探索和比较 ［J］. 世界经济研究，2002（1）：74 – 77.

［57］丁志杰 . 重视跨境资本流动管理 ［J］. 中国经贸，2011（2）：62 – 63.

［58］董国辉 . 经济全球化与"中心—外围"理论 ［J］. 拉丁美洲研究，2003（2）：50 – 54.

［59］杜鹏．中国跨境资本流动管理研究［D］．天津：天津财经大学，2011.

［60］范小云，朱张元，肖立晟．从净资本流动到总资本流动——外部脆弱性理论的新发展［J］．国际金融研究，2018（1）：16－24.

［61］方显仓，孙琦．资本账户开放与我国银行体系风险［J］．世界经济研究，2014（3）：9－13.

［62］方意．宏观审慎政策有效性研究［J］．世界经济，2016（8）：25－30.

［63］冯菊平．改进的两级托宾税设计模型与我国的外资管理［J］．金融研究，2002（6）：41－47.

［64］冯晓明．管理资本流入：发展中国家可供选择的政策工具［J］．世界经济，2001（6）：23－30.

［65］高海红．资本项目自由化：模式、条件和泰国经验［J］．世界经济，1999（11）：3－11.

［66］葛奇．宏观审慎管理政策和资本管制措施在新兴市场国家跨境资本流出入管理中的应用及其效果［J］．国际金融研究，2017（3）：3－14.

［67］管涛，张岸天，谢雅轩，高铮，马昀．中国的跨境资本流动［J］．新金融评论，2017（5）：99－134.

［68］管涛．中国资本项目管理现状及人民币资本项目可兑换前景展望［J］．世界经济，2002（3）：59－62.

［69］管涛．资本项目可兑换的定义［J］．经济社会体制比较，2001（1）：13－18.

［70］管涛．对"资本项目逆差"不必过度反应和解读［J］．新金融，2015（1）：18－21.

［71］管涛．危机十年我国跨境资本流动管理回顾与展望［J］．国际金融，2018（5）：3－8.

［72］郭春松，朱孟楠．加强金融监管的国际协调与合作［J］．上海金融，2004（10）：28－30.

［73］郭萍．新兴市场国家金融稳定问题研究［D］．长春：吉林大学，2009．

［74］国际货币基金组织内部报告．发达国家资本账户开放的经验［R］．2001．

［75］何德旭，吴伯磊，谢晨．系统性风险与宏观审慎监管：理论框架及相关建议［J］．中国社会科学院研究生院学报，2010（6）．

［76］何德旭，姚战琪，余升国．资本流动性：基于中国及其他亚洲新兴国家的比较分析［J］．经济研究，2006（9）：4－16．

［77］何迎新．新兴市场国家资本账户开放进程中的风险防范及启示［J］．北京金融评论，2014（3）：110－123．

［78］胡晓炼．人民币资本项目可兑换问题研究［J］．中国外汇管理，2002（4）：8－11．

［79］胡雅梅，樊夕，李松玲．类托宾税的有效性研究［J］．金融纵横，2015（3）：25－32．

［80］黄继炜．印度的资本流动与资本账户开放［J］．金融理论与实践，2009（7）：105－110．

［81］蒋定之．中国银行业健康发展的制度基石［J］．中国金融，2009（2）：14－16．

［82］姜波克．国际金融学［M］．北京：高等教育出版社，1999：27－31．

［83］焦成焕，何枭吟．资本账户开放下的金融风险分析［J］．经济与管理，2009（12）：73－76．

［84］克劳德·洛佩兹，唐纳德·马克沃特，基思·萨瓦尔．宏观审慎政策：尚方宝剑还是最后一役？ ［J］．金融市场研究，2015（9）：127－138．

［85］李翀．论金融全球一体化条件下国际资本流动的冲击［J］．中山大学学报（社会科学版），2000（5）：32．

［86］李金声．对人民币资本项目下自由兑换的思考［J］．广东金融，1997（8）：13－15．

［87］李婧．中国资本账户自由化与汇率制度选择［M］．北京：中国经济出版社，2006．

［88］李萱，李妍．亚洲金融危机以来我国新一轮金融改革的回顾与展望［J］．中国金融，2001（2）：32－34．

［89］李尧．现阶段中国资本账户开放进程研究［D］．北京：财政部财政科学研究所，2014．

［90］李瑶．人民币资本项目可兑换研究［M］．北京：社会科学文献出版社，2004．

［91］梁维和．外资银行、人民币资本项目间接兑换与短期国际资本流动［J］．财贸经济，2001（5）：45－47．

［92］廖发达．发展中国家资本项目开放模式比较及启示［J］．经济纵横，2009（7）：44－48．

［93］林毅夫．我为什么不支持资本账户完全开放［M］．资本账户开放：战略、时机与路线图．北京：社会科学文献出版社，2014：60－65．

［94］刘安国，李仁贵．当代货币危机理论的演进与保罗·克鲁格曼的贡献［J］．经济评论，2016（3）：135－147．

［95］刘光灿，孙鲁军，管涛．中国外汇体制与人民币自由兑换［M］．北京：中国财政经济出版社，1997．

［96］刘立达．智利无息准备金政策评析［J］．金融与经济，2007（8）：30－34．

［97］刘志洋，宋玉颖．宏观审慎监管政策工具实施及有效性国际实践［J］．中国社会科学院研究生院学报，2016（1）：50－55．

［98］苗永旺，王亮亮．金融系统性风险与宏观审慎监管研究［J］．国际金融研究，2010（8）：59－68．

［99］曲凤杰．人民币汇率改革对资本流动的影响［J］．国际金融研究，2005（9）：17－22．

［100］史建平，高宇．宏观审慎监管理论研究综述［J］．国际金融研究，2011（8）：66－74．

［101］宋文兵. 国际短期资本流动与国际货币制度的变迁［J］. 国际金融研究，1999（12）：25 - 31.

［102］宋宪伟. 国际金融监管的多边治理机制——一个多层次的构想框架［J］. 福建行政学院学报，2009（3）：93 - 97.

［103］孙立，崔蕊. 论托宾税和国际金融风险控制［J］. 当代经济研究，2003（11）：53 - 55.

［104］王德发. 国际游资的流入渠道、规模及监管研究［D］. 上海：上海社会科学院，2009.

［105］王刚，李虹. 宏观审慎监管的边界及其实现［J］. 新金融，2010（11）：17 - 21.

［106］王力伟. 宏观审慎监管研究的最新进展：从理论基础到政策工具［J］. 国际金融研究，2010（11）：62 - 70.

［107］王敏. 论托宾税理论与国际游资［J］. 统计与决策，2007（8）：99 - 101.

［108］王信，林艳红.90 年代以来我国短期国际资本流动的变化［J］. 国际金融研究，2005（12）：62 - 67.

［109］温建东. 资本项目可兑换的内涵与外延［J］. 国际金融研究，2001（7）：21 - 25.

［110］吴有昌. 货币危机的三代模型［J］. 世界经济，2000（3）：39 - 42.

［111］伍戈，严仕锋. 跨境资本流动的宏观审慎管理探索［J］. 新金融，2015（10）：14 - 18.

［112］向文华. 资本账户自由化的风险研究［J］. 社会科学研究，2004（5）：39.

［113］肖卫国，尹智超，陈宇. 资本账户开放、资本流动与金融稳定——基于宏观审慎的视角［J］. 世界经济研究，2016（1）：28 - 38.

［114］谢平，邹传伟. 金融危机后有关金融监管改革的理论综述［J］. 金融研究，2010（2）：1 - 17.

［115］邢毓静. 放松资本管制的进程［M］. 北京：中国金融出版

社，2004.

[116] 邢毓静．实施托宾税的国际经验及启示［J］．中国金融，
2010（4）：26 – 30.

[117] 印度资本项目可兑换委员会．关于印度实现资本项目可兑换
的研究报告［R］．1997.

[118] 于颖．对中国加入 WTO 后人民币实现可兑换的影响［J］．中
国金融，2000（1）：13 – 14.

[119] 余永定，肖立晟．解读中国的资本外逃［J］．国际经济评论，
2017（5）：97 – 115.

[120] 余永定，张明，张斌．中国应慎对资本账户开放［EB/OL］.
（2013 – 06 – 04）．http：//www. Ftchinese. com/story/001050727？．

[121] 余永定．见证失衡：双顺差、人民币汇率和美元陷阱［M］.
北京：三联书店，2010.

[122] 余永定．最后的屏障：资本账户自由化和人民币国际化之辩
［M］．上海：人民东方出版社，2016.

[123] 张慧智，刘雅君．韩国宏观审慎政策构建、实施及发展方向
分析［J］．社会科学战线，2013（10）：47 – 53.

[124] 张健华，贾彦东．宏观审慎政策的理论与实践进展［J］．金
融研究，2012（1）：20 – 34.

[125] 张礼卿，戴任翔．智利的资本账户开放：一个从失败走向相
对成功的案例［J］．国际金融研究，1999（5）：40 – 47.

[126] 张礼卿．资本账户开放的政策性框架：前提条件、速度和顺
序［J］．国际金融研究，1999（11）：18 – 24.

[127] 张敏锋，李拉亚．宏观审慎政策有效性研究最新进展［J］.
经济学动态，2013（6）：123 – 130.

[128] 张明．中国资本账户开放：行为逻辑与情景分析［J］．世界
经济与政治，2016（4）：140 – 155.

[129] 张明．中国面临的短期资本外流：现状、原因、风险与对策
［J］．金融评论，2015（3）：17 – 30.

［130］张宇燕，田丰．新兴经济体的界定及其在世界经济格局中的地位［J］．国际经济评论，2010（4）：7-26.

［131］张志超．开放中国的资本账户——排序理论的发展及对中国的启示［J］．国际经济评论，2003（1-2）：5-14.

［132］章奇，何帆，刘明兴．金融自由化、政策一致性和金融脆弱性：理论框架与经验证据［J］．世界经济，2003（12）：3-14.

［133］郑德龟．超越增长与分配：韩国经济的未来设计［M］．北京：中国人民大学出版社，2008.

［134］中国国家发展改革委．企业境外投资管理办法［EB/OL］．（2016-12）．http：//www.ndrc.gov.cn/zcfb/zcfbtz/201612/t20161209_829654.html.

［135］中国国家发展改革委．企业境外投资管理办法［EB/OL］．（2017-12）．http：//www.ndrc.gov.cn/zcfb/zcfbl/201712/t20171226_871560.html.

［136］中国国家外汇管理局．关于进一步完善个人结售汇业务管理的通知［EB/OL］．（2009-11）．http：//www.safe.gov.cn/wps/wcm/connect/Safe_WEB_Store/Safe_WEB/zcfg/jcxmwhgl/grjcxmwhgl/node_zcfg_jcxm_grjc_store/48fce080483a94698970bb362e8d3913？digest=Kg-wxLiFu-fzzBaszsozb-w.

［137］中国人民银行．关于在全国范围内实施全口径跨境融资宏观审慎管理的通知［EB/OL］．（2016-04）．http：//www.pbc.gov.cn/goutongjiaoliu/113456/113469/3056127/index.html.

［138］中国人民银行南昌中心支行课题组．新兴市场国家管理跨境资本流动的经验与启示［J］．金融与经济，2015（11）：29-34.

［139］中国人民银行调查统计司课题组.我国加快资本账户开放的条件基本成熟［J］．中国金融，2012（5）：14-17.

［140］钟震．宏观审慎监管相关研究综述［J］．经济理论与经济管理，2012（7）：49-53.

［141］周小川．金融政策对金融危机的响应——宏观审慎政策框架

的形成背景、内在逻辑和主要内容［J］. 金融研究，2011（1）：1 - 14.

　　［142］周琰. 危机后的宏观审慎监管：一个综合解释［J］. 经贸实践，2016（11）：106 - 108.

后　记

　　据说每个人来到这个世界都是带着使命的。自从 2000 年翻译马克斯·米勒和张雷的论文《资本账户自由化是对华盛顿共识的挑战吗?》，我的研究领域一直没有离开"资本账户自由化"和"华盛顿共识"这两个关键词。21 世纪初，国内外关于新兴市场经济体的研究开始在"不可能三角"框架的指引下，不断地拓展和深入。我的博士论文是在余永定老师的指导下，研究人民币汇率制度选择和资本账户开放的关系。2002 年初，在福特基金项目的支持下到英国杜伦大学东亚研究中心和张志超老师合作，研究中国资本管制。可以说是在两位导师的指导下，我对中国开放路径的认识开始从关键词逐渐地深入具体问题的研究。经济活动是经济学思想的源头，在将近 20 年的时光里，我们见证了亚洲金融危机后东亚经济的复苏，中国加入世界贸易组织后的内外经济的变化，参加了关于人民币汇率制度改革的大讨论，逐渐形成了对中国外部经济理解的框架。2008 年始于美国的次贷危机蔓延成全球金融危机，这一事件改变了各界的固有理念——认为危机似乎是新兴市场经济体的伴随物，实际上，发达国家也可能是危机的策源地。危机的传染性是双向的，发达经济体和新兴市场经济体互相影响，作为世界经济的两个重要支柱，它们都面临进入"新常态"的挑战。2018 年以来中美贸易摩擦的不断升级给复苏缓慢的世界经济蒙上了新的阴影，寻求理想的世界经济秩序，更具体地说是国际金融秩序困难重重。

　　20 世纪 90 年代以来中国外部经济的突出特点是双顺差、资本管制和盯住美元制。那么在新的全球化背景下，中国应该走哪条道路呢? 有学者提出了"二元悖论"和金融周期，如果是这样，国际资本如滔天洪水，广大新兴市场经济体就不能保证货币政策独立性，实现货币稳定和金融稳定就是做白日梦，这似乎又走向了"宿命论"。解决问题的方案总是赶不上问题的发展，事实上，一国开放经济政策的组合一直没有脱离"不可能三角"假说。在本书中，我们探索了在金融全球化的背景下，审慎监管的必要性和可能性，以及在资本大规模快速流动下，中国如何设计政策框架，实现货币稳定和金融稳定的双重目标，期待和学术界的朋友交流。

这些年我围绕资本账户开放、货币错配、货币政策独立性、跨境资本流动和人民币国际化等问题进行了密集的研究，并得到了中外学术界朋友的指点和支持。中国社会科学院世界经济与政治研究所研究员张明、张斌、徐奇渊、侯蕾、王永中、刘东民，吉林大学的李晓、丁一兵两位老师，上海财经大学的丁剑平老师，华东师范大学的李巍老师，上海交通大学的潘英丽老师，辽宁大学的游宇老师，还有在国家外汇局工作过的管涛、王信，中国人民银行的付竞卉、司晓玲、郭晓允，他们为我的研究提供了多方面的帮助。2005年在上海财经大学的学术研讨会上，我结识了石田護先生，并陆续结识了村濑哲司先生、河合正弘先生、高桥亘先生，使我对日本资本账户开放、外部失衡、日元国际化和东亚金融合作问题有了更深入的理解，进一步探索一个追赶国家是如何实现贸易和金融自由化的。2014年，我到斯坦福大学国际发展中心（SCID）做访问研究，合作导师麦金农教授给了我很多帮助，他对新兴市场经济体的金融发展与金融抑制、中国资本账户开放与人民币国际化的深刻认识对我的后续研究有很大启发。在SCID访问期间，我还多次请教中国项目主任尼古拉斯·霍普，听取他对中国和其他新兴市场经济体资本账户开放的看法。我还与英国Chatham House的国际部主任Paola Subacchi博士进行了多次交流。在此，我深感学术研究绝对不是单个人可以完成的工作，而是一群人一起去做一件有意义的事。

这些年，我指导了四十多名中外研究生，他们一入门就认真地拿着笔记本记录我说的每一句话，如今，他们大多数已经在金融部门和研究部门工作。此书的合作者曾是我指导的世界经济专业的硕士。刘瑶目前在中国社会科学院攻读世界经济专业博士学位，继续研究外部失衡的纠正，再过几天，她将赴美国波士顿大学全球发展政策中心（GDP）做访问研究。周琰目前供职于中国建设银行，她从事具体的外汇业务，在一线体验了中国的金融改革和金融开放的律动。我的在读博士生许晨辰在炎热的夏季协助我统稿，作为老师，看到学生的勤勉、成长和进步，尤为欣慰。

研究成果能够成书出版，衷心感谢首都经济贸易大学经济学院的支持，感谢王军院长和学院其他领导，他们把教师的学术成长永远放在最主要的位置。还要特别感谢中国金融出版社的何为老师，10 年来我们之间的合作令我备受鼓舞。打开电脑的时候天未破晓，夏虫已经开始合唱，现在已经是朝霞满天了。作为一个研究者，对中国和世界经济的未来，心怀期待。

李婧

2019 年 8 月 15 日